珍藏本
纪念版

汉译世界学术名著丛书

视觉新论

〔英〕贝克莱 著

关文运 译

商务印书馆
SINCE 1897 The Commercial Press

2017年·北京

George Berkeley
AN ESSAY TOWARDS A NEW THEORY OF VISION
Printed by Aaron Rhames, for Jeremy Pepyat, bookseller in Skinner Row, 1709
本书根据英国阿龙·瑞姆斯出版社1709年版译出。

汉译世界学术名著丛书
（120年纪念版·珍藏本）
出 版 说 明

2017年2月11日，商务印书馆迎来120岁的生日。120年前，商务印书馆前贤怀揣文化救国的理想，抱持"昌明教育，开启民智"的使命，立足本土，放眼寰宇，以出版为津梁，沟通中西，为中国、为世界提供最富智慧的思想文化成果。无论世事白云苍狗，潮流左右激荡，甚至战火硝烟弥漫，始终践行学术报国之志，无改初心。

迻译世界各国学术名著，即其一端。早在20世纪初年便出版《原富》《天演论》等影响至今的代表性著作，1950年代后更致力于外国哲学和社会科学经典的译介，及至1980年代，辑为"汉译世界学术名著丛书"，汇涓为流，蔚为大观。丛书自1981年开始出版，历时三十余年，迄今已推出七百种，是我国现代出版史上规模最大、最为重要的学术翻译工程。

丛书所选之书，立场观点不囿于一派，学科领域不限于一门，皆为文明开启以来，各时代、各国家、各民族的思想与文化精粹，代表着人类已经到达过的精神境界。丛书系统译介世界学术经典，引领时代思想，为本土原创学术的发展提供丰富的文化滋养，为推动中国现代学术和现代化进程做出了突出的贡献。

为纪念商务印书馆成立120周年，我们整体推出“汉译世界学术名著丛书”120年纪念版的珍藏本，寄望既利于文化积累，又便于研读查考，同时向长期支持丛书出版的译者、编者和读者致以敬意。

两甲子后的今天，商务印书馆又站在了一个新的历史时间节点上。我们不仅要铭记先辈的身影和足迹，更须让我们的步伐充满新的时代精神。这是商务人代代相传的事业，更是与国家和民族的命运始终紧密相连的事业。我们责无旁贷，必须做好我们这代人的传承与创造，让我们的努力和成果不仅凝聚成民族文化的记忆，还能成为后来人可以接续的事业。唯此，才能不负前贤，无愧来者。

商务印书馆编辑部

2017年10月

译 者 序

《视觉新论》在1709年出版于都柏林(Dublin),那时贝克莱年方24岁,在他的《备忘录》中,我们可以看到,在此书出版许久以前,他就曾细想过视觉的本性。本书的主旨在于给他以后所发表的《人类知识原理》作一个引子。贝克莱在此时正要把他在独立批评洛克以后所发现的物质新说(唯心论)公布于世。但是他不曾顿然宣布了"存在即知觉"的新思想,因为那种思想已经离常人的思想太远了。他只逐步来揭开这种秘密。他在这部书中只吐露了他的一部分新思想。他只指示出,所见的现象,在严格的意义下,是在心中的,至于可触的对象,则他权且假设它们是在心外的。

本书的主要论点,在于(1)证明我们由什么方式借视觉来知觉物象的距离、体积和位置,并且在于(2)考察视觉观念和触觉观念有什么差异,而且考察它们是否有任何公共的观念。

贝克莱在一起首就叙述了人人承认的两点。第一点,对象离观察者的距离既是一端对着眼的一条直线,而且不论这条线或长或短,它的最近的一点既然总是一样的,所以距离本身是不能被人知觉的。第二点,我们对于远隔的对象距离所构成的判断乃是根据于过去的经验,而非直接由感官所知觉的。这两点是贝克莱所完全同意的。他的贡献就在于把关于远隔物象的知觉学说应用在接近的对象上。

在贝克莱以前有两派视觉学说，一为经院派的生理学说，一为笛卡尔派的数学学说。贝克莱反对这两派学说，他的知觉学说在严格的意义下是心理学的。他的方法是自省的。他以为心理学上的问题应该当作心理学来解决，不应该参照于生理学。笛卡尔派主张，我们的判断距离是借助于由眼发出的两条想象的线在物象上交会的角。眼所对的角愈大，则物象离眼的距离愈小。因此，我们就借各个角见到各种距离。但是这个学说的致命之处正在于它的数学上的可解证性。照这样解释，则我们可以证明生盲虽不能见物，也可以和能见的人一样了解视觉学说。因此，这个学说，就不配称为视觉学说。因为生盲者虽可以明了光学的数学解释，但是却永不会知道视觉的事实。

贝克莱主张，视觉问题就是纯粹属于视觉的一个问题。因此，我们根本就不能用触觉的与料来解决它。生理学的和几何学的解释只是依靠于触觉的与料。因此，他觉得，它们不是实在的光学，实在的光学是只研究视觉的。

他把生理学的和几何学的考察撇开，只根据视觉的与料，来建立一种新学说，以求解释距离和体积的知觉。他只来解释视觉的特殊事实，而且他只用经验的自省的方法来研究它们。

不过贝克莱的学说与其说是一种新发现，不如说是把当时的视觉学说加以整理。影响贝克莱最大的就是马尔布兰希（Malebranche）[①]、洛克和毛凌诺（Molyneu）。马尔布兰希说我们判断物

① 现译作“马勒伯朗士”。——编者

体距离时的心理作用正是一种自然的几何。不过他也认为这种判断是一种复杂的感觉。他以为一切知觉中都含有判断成分。由感官来的观念所以对我们有其意义，乃是由于一种自然的判断。借这种判断，我们就会无意中解释那些观念，认为它们可以指示实在的外面的存在。他曾举出六个标记来，以为它们可以供给我们与料，使我们来判断物体的距离。第一个最普遍最准确的标记就是眼和物象间的角。那个角愈大，则物象愈近。角愈小，则物象愈远。我们的眼的位置会跟上角的变化而变化，我们的心就可以利用这种位置的变化来判断物象的远近。第二个标记就是定睛看物时所生的筋肉的感觉。这种标记只能在物象比较近时才可适用。否则没有筋肉的感觉。第三个标记就是网膜上影像的大小。物象如果愈远，则这个影像愈小。在这里，我们对于物象的实在大小先前所有的经验也可以影响我们。我们如果见一个人和树在百呎以外，则人的影像虽比树的影像为大，我们也不以为他是比树较远的。第四个标记就在于由物象来的光波打击眼时的力量。物象“远隔”时，这种力量是较弱的。第五个标记就在于网膜上的影像的明白清晰，纷乱的影像似乎是较远的，清楚的影像似乎是较近的。第六个标记就在于中间所隔的物象的数目和种类。我们如果纷乱地看到一片田野和房屋，同时再看它们以外的一座塔，则那座塔比我们单看它时似乎要小些。

毛凌诺也说，“距离本身是看不到的。因为它是以其一端呈现于眼的一条线，因此，它只是一点。因此，我们知觉距离，就大部分凭借于中间的物体，如田地、山河、林屋等。此外，我们在判断距离时，也要凭借于我们对各种物体的体积所构成的判断，或对于它们的模糊的颜色所构成的判断。我可以说，这就是了解远隔物体的距离时所凭的主要方法。不过说到接近的物象——两眼的间距和它的距离有明显的比例——则它的距离是借眼的转动或光轴的角被知觉的。”

贝克莱大体承认马尔布兰希和毛凌诺的意见，不过他重新把他们的学说整理了一下。他把马尔布兰希的六个标记重新加以检查，他排斥了第一、第三和第五个标记。结果他就改造了马尔布兰希的整个学说。

洛克的《人类理解论》中有一段或者给了贝克莱一个更大的启示。我们可把这一段引在下边：

“由感觉得来的观念，在成人方面往往不经注意，就受了判断的改变。我们如果把一色的圆球放在我们眼前（不论这球是黄金的、白雪花石的，或黑玉的），则我们分明看到，由此印于我们心中的那个观念（就是我们所直接意识到的那种现象）是一个平圆，而且在我们的眼看来，它的光色有几等明暗不同的程度。不过我们已经借习惯看到凸形的物体常发生什么现象，而且物体中可触的形象的差异会使光的反射有何种变化；因此，我们的判断立刻借习惯的力量就把那些貌相转化成它们的原因。我们的判断，就把描状形象的那些深浅不同的影子和颜色，当作形象的一个标记，并且自己构成一个一色的凸形的知觉。实则我们由那个形象所接受的观念（就是我们借视觉意识到的现象）只是一个平面，不过其颜色的深浅是不一律的。在绘画中我们就可以看到这一点。为证实我这个意见起见，我这里愿意插入那位博学而有价值的毛凌诺先生的一个问题。这位先生是一位灵敏而勤劳的促进真正知识的人，

他在前几个月曾在一封信中写给我一个问题说：假如有一个人生来就是盲的，现在长大了，凭其触觉可以分辨同一金属做的一个立方和一个圆球，而且在他触到不论哪一个时，可以说出，哪一个是立方，哪一个是圆球。假如我们把这个圆球和这个立方置在桌上，并且使那个盲人忽然得到视觉：那么我们就问，在他未触它们的时候，他是否可以单凭其视觉来分别，来指示某一个是圆球，某一个是立方。那个深刻而明哲的发问者就答复他，那个盲人并不能由此分辨出方圆来。因为他虽然经验到，圆球如何刺激他的触觉，立方又如何刺激他的触觉，但是他还不曾经验到，触觉方面所受的某些刺激，也一定和视觉方面所受的一样。他也一样不曾经验到，立方体中突出的角在呈现于他的眼时，也和在立方中不平衡地刺激他的手时一样。这位有思想的缙绅（我可以自豪地称他为我的朋友）对这个问题的答复我是很同意的。而且我相信，那个盲人在初能看时一定不能单凭视觉来说出某一个是圆球，某一个是立方——虽然他可以凭他的触觉无误地来称呼它们，而且可以借所触的各种差异的形象来分别它们。我所以要把这一点写出来，乃是想让读者借此机会来考察即使在他自以为最不需要经验、努力和所获得的观念的时候，这些东西对他也是有帮助的。”

贝克莱把这三家学说中的矛盾地方取消了，就建立起他的完整的一贯的系统来。他假设，光和色是一种视觉的语言，它可以表示凝固的、有反抗力的事物观念。人们只是借习惯把视觉的语言翻译成触觉的观念。成人所见的世界就是由原始的视觉理象无意识地翻译出来的。这种翻译的事实是可以借心理的解析发现的。一个成年人，如果具有健全的眼，立在一个广阔的风景中心，则在

常人看来，他可以借视觉“顿然”看到田野、树林、房屋、山岳，以及周围的动物和笼罩一切的苍穹。而且他也相信，他一向就可以如此看到。但是贝克莱却提出一些事实来，强迫这位观察者变化了他这种不经反省的假说。贝克莱借此证明，他并不能一直看到全部景色及其内容，他只是在心中把他所看见的东西转化成触觉的现象。

贝克莱用下述三种理由来证实他这种假设。

（1）研究视觉的原始现象的人们，自亚里士多德以来，都充分相信，我们在视觉中最初所见的唯一现象只有颜色。我们在同时所见的只是或多或少的一些点子，就是光线的各端。由此我们就分明看到，所见的东西一定是依靠于能知觉的心灵的。各种颜色按其本性，在一切有知觉的心灵消灭以后，都是不存在的。因此，各种颜色只是观念或现象，而且它们都是我们所看到的，都是依靠于心的。

（2）所见的色只是有限的长和宽的一种现象。我们并不能看到深和厚——就是视线中的距离。最有名的光学中的权威都承认由眼出发的直线距离是不能见的。因为视觉必须前设一些光线，由大小不同、形象各异、位置有别的一些触觉事物循着直线而来。但是这些光线只是纵落在网膜上，不是横落在上边。因此，所见的只是各线的端，而不是其深，因此，距离——就是光线的可见的一端和其另一段中间的可见的间距——是不能被看见的。那些线本身是看不见的，只有它们的内在的一端可以看见。因此，广袤的外在性是看不见的，它一定是凭视觉以外的另一种东西被发现的。

（3）我们并不能根据有色的广袤来先验地解证出距离的存在

来。因为视觉单独所知觉的现象和空间的深(或外在性)并没有必然的或理性的联系;它和凝固物体所占的三度空间的大小和数量,并没有必然的联系。我们所以能看到这些关系,只是因为我们充分经验过触觉和运动,并且把那种经验和我们对于有色的广袤所有的经验加以比较。

贝克莱说,触觉理象和视觉现象,在心理上所以能联系,乃是凭借于所谓"习惯"、"经验"或"暗示"。他借这些名词就指示出,这里有一种无意识的归纳在进行着。这种视觉的归纳也正和有意识的审虑的科学的归纳一样。对外界的凝固事物所有的这些视觉只是一种无意识的归纳。

我们必须承认,那个似乎由眼睛顿然所知觉的可见的景色,实在是根据习惯,根据无意识的、归纳的解释形成的。我们在见物时,实在就是先见。成人的视觉竟是一种预见;而且人类要想见物,就离不了预见。

这种先见,这种推论,就根据于视觉和触觉的联系。触觉在我们的经验中,和视觉密切地接合起来,这种视觉就成了触觉的标记。所以我们看到一些视觉的现象以后,我们就可以推断,在何种情形下,将有何种触觉跟来。我们因为长时经验到触觉所得的一些观念——如距离、形象和凝度——和视觉的一些观念常相联合在一块,所以我们在看到这些视觉观念以后,就可以一直断言,按照自然的寻常途径将有某些触觉观念相跟而来。我在观察一个物象时,我就看到某种有色的形象和颜色,并且伴有某种模糊的程度和别的情节。我根据以前的经验就可以由此断言,在走了多少步,多少里以后,就将要被某些触觉观念所刺激。

贝克莱用现代心理学家所谓接近联想来解释这种联系。就如瓦尔德(Ward)所说,原始的各种知觉如果常在一块出现,而且被人逐渐认为是组成一个全体的经验,那它们就会融合起来,而且在一个知觉复生时,就可以使其余知觉生起来,成了次等的知觉。它们联合的次数愈多,则这种互相引生的趋向愈强。那个过程是一种习惯的、无意识的过程。贝克莱相信,在成熟的知觉中,这种暗示的过程有很重大的职务。就他所爱举的一个例子来说,声音是听觉的固有对象。但是借语言的媒介,差不多样样事情都可暗示到心中。声音和意义密切地联络在一块,所以我们要想排除此一种,必须连带把彼一种也排除了才行。就我们的情形看来,似乎我们听到那些意义自身。那就是说,心中所知觉的全部比实际所感觉的大了许多。

在视觉方面也是一样。他以为我们应该分别视觉的原始的直接的对象,和视觉的次等的间接的对象,后边这些对象严格说来不是视觉的对象,而是想象的对象。前一种对象和后一种对象密切地联系和融合在一块,所以我们就极不容易分辨它们。假定一个人只有视觉,则颜色就不能显得在心外,或显得前进或后退。但是视觉对象所暗示的触觉的性质,却似乎是在心外的,而且也似乎是前进或后退的。这些次等的对象强烈地刺激我们,并且和原始的对象融合在一块,所以视觉的整个对象就似乎是以颜色为特征的一种外界的事物。

我们可以简略地叙述一下他对于三个问题的特殊解释法。

(1) 在决定物象离我们的距离时,我们的决定乃是一种复杂的估计,那种估计正近于一种判断。贝克莱以为这个判断所根据的基件，我们如果一考察自己对于距离的估计，就可以发现出来。关于比较近的物象，我们可以指示出三种偶然的标记来。第一点，我们在使自己的眼适应于当前的物象时，连带生起的筋肉的感觉，可以影响我们的判断。这些感觉是可以直接感到的，而且它们的密度是和距离的各种变化成正比例的。第二点，视觉现象的明白或纷乱也可以作为一个标准。一个物象如果和眼靠得很近，则人就觉得它是纷乱的。我们可以说，在各种纷乱的程度和各种距离之间有一种习惯性的联合，较大的纷乱程度表示较小的距离，较小的纷乱程度表示较大的距离。第三点，一个物象如果和眼离得太近，则因为眼的紧张又可以把纷乱的现象减少了。在这种情形下，筋肉的感觉也可以帮助人心来判断物象的距离。至于辽远的物象，则较大的纷乱程度表示较大的距离，较大的明白程度表示较小的距离。其次，中间隔着的物象的数目和花样也可以影响我们的判断，又如过去的经验，以及我们对于某些物象的实在体积所预先形成的概念，也都可以影响我们的判断。

（2）关于距离所说的话也大体可以适用在体积方面。贝克莱竭力声明，可触的体积和可见的体积是绝对地差异的。各种体积都由点构成，在视觉方面有最小视觉点，在触觉方面有最小触觉点。所见的广袤由一团最小视觉点组成，所触的广袤由一团最小触觉点合成。不过在视觉方面，我们只有貌似的体积，至于在触觉方面，我们才有实在的体积。物象的可触的体积存在于心外，不论我们向它来，或由它去，它是不变的。与此相连的所见的体积，则是跟着我们之远离物象或接近物象而变化的。我们说任何事物的体积时，我们指的是可触的体积，否则没有任何东西是可靠的，有

定的。不过我们借这些所见的体积，对于物象的实在体积，也可以得到大略精确的判断。在这类判断中，最有影响的，就是我们对于事物的实在体积所有的经验。就如在观看一座塔和一个人时，那两个所见的物象的广袤或者是一样大的，但是我们既然经验过塔和人的寻常大小，所以塔的所见影像就比人的影像暗示出一个较大的体积来。此外还有别的一些标准。别的条件如果都一样，则所见现象本身的大小也可以暗示出物象的实在体积来。但是所见的现象虽大，可是它如果是纷乱的，那我们就认实在的体积是小的。在另一方面，所见的现象如果是模糊的，那我们就判断它是较大的。就如月球的假现体积在地平线时就比在天顶时分明较大。贝克莱解释说，月在地平线时，眼和月中间有较大量的空气，所以它的外貌就较为模糊，因而被人判断为较大的。但是只有触觉的体积是对我们有实际意义的，因为它可以促进或阻止我们身体的活动，并且可以生起快乐或痛苦的感觉来。因此，我们也较为注重它们。我们正可以猜想，动物的视官的作用正在于预先见到远隔的可触事物会有何种损害或利益。

（3）在物象的位置方面，贝克莱的论证也和在前两者方面的论证是一样的。我们所以能凭视觉知觉到事物的形象和位置，乃是因为我们曾经凭非视觉的经验分辨过自己身体和外物的相对位置，各种事物的相对位置，以及事物中各部分的相对位置。原来高下、左右、方圆等，只是触觉所了知的。在眼方面，它们只有间接的意义。一个人只有在凭借屡次的经验认识了各种视觉观念和触觉观念间的联系，他才能单凭视觉的现象，在似乎直接的方式下来估量与此相应的可触事物的位置和形式。只有如此，他才能由视觉

的与料直接进到它们所表示的触觉的对象。

不过视觉和触觉间的联系虽是恒常的、惯性的，但是就我们所能发现的说，那种联系不是必然的，而是偶然的。任何可触的性质和任何颜色都没相似关系。任何视觉观念都“可以”不和事实上和它相联系的那些触觉观念相联系，而和别的触觉观念相联系。同样，较大的可见体积，也正可以和较小的可触体积相联系，较小的视觉观念也正可以和较大的触觉观念相联系。实际的联系，我们只能借屡屡不断的经验来知道，我们并不能先验地把它们推测出来。

贝克莱认为视觉观念和触觉观念不只在数目上有差异，即在性质上也有差异。因为(1)我们只是借习惯把视觉现象和触觉现象联系在一块。一个盲人在顿然能见以后，他不会把他所见的和所触的认为是同一的；而且他也不以同一名称来称它们。(2)我们借视觉只知道光和色，以及它们的明暗和变化；我们凭触觉并不能知道这些东西，只知道完全差异的另一些东西。可见的广袤是和可触的广袤十分差异的，因此，可见的形象和运动和可触的形象和运动，也是十分差异的。(3)同类的量才可以加起来，合成一个整量，但是不同的量便不能如此相加。一条线可以加在另一条线上，一个立体可以加在另一个立体上，但是一条线并不能和一个立体相加。同样，一条蓝线也可以加在一条红线上，成了一条连续的线。但是我们如想把一条所见的线加在一条所触的线上，把一个所见的平面加在一个所触的平面上，那却是我们所不能想象的。

贝克莱的视觉学说，大体已介绍过了，现在我们可稍稍加一点批评。(1) 他既然说，触觉经验是被视觉经验所暗示的，那么触觉经验就该是最明白、最确定的。但是实际上它是最模糊、最不定

的。如果我们所见的远隔的对象只是成立于视觉所暗示的一些触觉，为什么我们记忆中的触觉又是那样不确定呢？如果视觉只是一些标记，而且我们的心只是迅速地掠过它们，就进到与它们相连带的触觉上，则我们应该清晰地意识到所暗示的触觉。但是我们凭内省看到，当我们观察事物时，我们最不易于唤起触觉来。它们并不是光明而活跃的，乃是模糊而阴暗的。因为这些缘故，贝莱(Bailey)就主张说，我们诚然不能直接观察到远隔的物象，不过我们在估量它们的距离和体积时，并不是由视觉来推测触觉，乃是把原始的距离视觉和由别的途径来的视觉加以比较。

(2) 盲人在一起首虽然不能把他的新经验和旧经验相调整，但是这也不能证明他凭触觉所感的外面的方形的对象事实上和他凭视觉纷乱的所感的外面的方形的对象不一样。我们纵然承认，视觉最初和触觉只是不完全地联系在一块，但是在后来这种联系已经确立时，知觉者如果把视觉的性质和触觉的性质认为在空间上是同一的，我们也不能说他是错了的。我们纵然不能离了颜色在心中清晰地、抽象地来构成一个视觉广袤的观念，但是我们不能因此就说，我们所见的只是光和色，而没有别的。

(3) 在这部书中，我们可以看到，他对于视觉的固有对象，有两种矛盾的叙述。在一方面，他只说，我们直接所见的只是光和色，他以为光和色是无广袤的，它们只是因为和触觉的性质相联系，才能暗示出广袤和形象来。在另一方面，他又常说所见的广袤和形象是所见现象中的重要成分，可是他们的本质又是和可触的广袤和形象完全差异的。但是在我们看来，视觉的广袤和触觉的广袤毕竟有相似的地方，否则前者便不能成为后者的标记。

（4）知觉的基本与料如果都是各不相属的一些可感的观念，而不前设空间，则空间知觉就根本不能解释。我们固然不能由视觉观念得到空间，可是我们也一样不能由触觉观念得到空间。视觉和触觉都得以空间为起点；所谓空间不但和光和色有差别，而且也和硬软、热冷、粗滑有差别。

（5）贝克莱因为过分着重所见广袤和所触广袤的差异，所以他就完全忽略了它们的统一问题。关于广袤的统一问题，他并不能给以一个适当的解释。因为他不曾分辨我们的感觉和对象的可感性质。在他以为，观念一词就包括了感觉和可感的性质。但是我们可以指示出，视觉和触觉，虽然是完全差异的，但是物象的可见性质和可触性质仍有一种实在的统一。它们至少也似乎是在空间上一致的。

（6）贝克莱把可触的广袤和实在的广袤合而为一，这是一种错误。他以为所见的广袤是假现的，可触的广袤是实在的。假现的或所见的广袤只能暗示实在的或可触的广袤。不过我们可以反驳他说，(a)实在的广袤异于所触的广袤，(b)所触的广袤也和所见的广袤一样，只是实在广袤的一个标记。实在的广袤不是直接被我们所知觉的，乃是由我们所构成的；触觉和视觉所供给的与料，以及我们对于各种情节和关系所有的判断，都是我们构成广袤时的根据。因此，我们就可以说，$E=X\begin{cases}ev\\et\end{cases}$。在这里，E 代表实在的广袤，ev 代表所见的广袤，et 代表所触的广袤，X 代表心理构造中所含的判断成分。实在的广袤，乃是 $X\begin{cases}et\\ev\end{cases}$ 的一个复合的统一体，它可以借触觉的现象（et）表示出来，也可以借视觉的现象（ev）表示出来。因此，触觉所感的广袤并不是实在的广袤，正如视觉所取的广袤不是实在的广袤一样。其次，只有触觉的广袤和视觉的广袤的共存关系，也还不足以构成实在的广袤。这个简单的共存关系可以用 et ev 表示出来。不过实在的广袤不只包含着这些可感的与料，除此以外，它还包含着一种反省的判断成分（X）。所以 $E=X\begin{cases}et\\ev\end{cases}$ 。

贝克莱对于这层关系的见解，可以表之如下，就是 E＝et＝Xev。贝克莱以为我们可以根据所见的与料来构成实在的或所触的广袤。他主张这常是一种推断，其中含有判断成分。我们不能借视觉直接知觉实在的广袤。在这种范围内，贝克莱是对的。不过他以为我们可以凭触觉来直接知觉实在的广袤，那就错了。我们的触觉经验并不能使我们直接来认识实在的广袤。要想知道实在的广袤，我们必须根据触觉的和视觉的与料来构造，来判断。

此书由第二段起自然分为六部分。这六部分系依次证明下述的六个论题。

一、（2—51）眼同外界的距离是不能看见的；它只是由所见的现象和眼中所感到的感觉暗示出的。

二、（52—87）体积和感官对象所占的空间部分实在是看不见的；我们只看到较大较小的颜色分量，而颜色又是依靠于能知觉的心灵，我们对于"实在"体积所有的视觉只是解释我们所见的颜色和眼所感的感觉在触觉上有什么意义。

三、（88—120）感官对象的位置，或其在空间中彼此的实在关系，是不可见的。我们所见的只是各种颜色的各种相互的关系。我们虽然假设自己看到实在的可触的部位，实则我们只是在解释那些部位的视觉的标记。

四、(121—146)视觉和触觉没有共同的对象。空间虽似乎足以构成它们的共同对象，但是它在视觉和触觉方面，实在有种类上的差异。

五、(147—148)一切所见的现象都是一些偶然的标记，它们是大自然的语言，是上帝向人类的感官和智慧所说的话。

六、(149—160)几何所研究的真正对象乃是触觉所取的广袤，而非视觉所见的广袤。实在的广袤在各方面都是可触的，而非可见的。颜色只是视觉的直接对象，而且颜色既是依靠于心的一种感觉，所以它是不能在能知觉的心灵以外的。

文运　述

1934 年 7 月

目　　录

献　　辞*

献给

约翰・柏奇威(Sir John Percivale)从男爵。

今上治下爱尔兰王国的一位枢密院顾问

爵爷:自我荣幸地认识了爵爷以后,我对爵爷就非常地敬仰,这种敬仰之心是确有根据的,因此,我觉得我不得不借此机会公开表示一番,否则我就违背本心了。是的,以爵爷财富的令人艳羡,早年的飞黄腾达,以及爵爷在贤哲显贵之间所享有的令名,诚然可以使人们在远远一望见爵爷仪表,心上就发生了尊重和敬仰;不过我之所以崇拜爵爷,主要的动机却不在此。在接触较密之后我就看到,爵爷的为人自有其伟大之处,远胜于爵禄财产的炫耀显赫。我的意思是说:爵爷富有纯真的德性和正见,对宗教有真实的关切心,对祖国有无私的爱护心。此外,爵爷在经世致用的实学方面造诣也异乎常人,而且天禀和易近人,更是使人望尘莫及(这在我认为是第一等美德)。我所以得知这些美点,并不是由于道路的传闻,而是由于亲身的体验。自我见知于爵爷以来,在这几个月中,爵爷同我曾有多次畅谈,既快心怀更沐训诲,因此,我就有机会来发现爵爷系众德兼备,品端学粹的,这就使我顿生了惊羡之心,敬

* 此处"献辞"标题为中文译者所加。——编者

仰之忧。一个人正当英年,又处于那样富贵环境中,却能始终不渝,不为现时习成风尚的繁华魔力,纵欲败度所转移;那诚然是值得赞叹的。这样地位的一个人,竟能脱除了一般显贵所素习的骄横之态,而能保持其谦和之度,那真是值得赞叹的。这样地位的一个人,一面既能谨慎周到处理其巨万财富,一面却又能慷慨豁达地来利用其家资,使自己既不伤于鄙吝,又不至漫无限度、浪费上天所赋予他的良材美物,那真是值得赞叹的。不过这还不算,他竟能不偏不倚,运用理性,手不释卷,披阅圣典,使自己对于自然的和启示的宗教原则,得到正确的意念,那真是令人惊异,而且几乎是不可置信的了。他竟然能热心爱国,以公益为怀,而且深究明察何者有益于国而提倡之,何者有害于国而阻止之,那真是令人惊异,而且几乎不可置信的了。他竟然能辛勤攻治最重要、最有用的学科,竟然能严格地遵守尊荣和道德的规则,竟然能深思熟虑世人的错误计算,和人类的真正归宿和幸福,使自己在各方面都有资格来勇敢地同人竞赛,使自己在今生得到伟大良善的头衔,在来世能以得到永远的幸福,那真是令人惊异,而且几乎难以置信的了。不过爵爷的谦德如果允许我的话,或者爵爷的品德如果需要阐明的话,则我对于爵爷的令德,还更有可称述的地方。我自然知道,要想象我这样无名的手笔,写出一点颂辞来会使爵爷的令名增加了光辉,那真是不揣冒昧的。不过我却分明知道,要借这机会来使人知道,我同爵爷这样有高明见解的人略有几分熟识,那就很能促进我的利益了。我因为着眼于这一点,才敢贸然向爵爷有这一类的陈述,而且我想,爵爷一向既然对我很是赏脸,因此,我就缪想,爵爷或许对我的陈述加以眷顾。不过我在这里却不得不请求爵爷的原谅,因为我在这样提说之后，或者已经触犯了爵爷所特有的那种过人的谦德。不过我仍请爵爷原谅我这点，因为我一提到约翰·柏奇威的名字，就不能不赞仰他那种惊人的、特殊的功德；因为我实在亲切地、明显地感觉到他这种功德，而且我觉得，我虽以如椽之笔，亦难把他那种功德写得传神，供人模仿。爵爷！我近来曾经畅研过一切感官中那种最高贵，最令人愉快，而范围又最广的一种。那一场消遣（或可以说是劳苦）的结果，就是我现在呈示于爵爷前的这部书。我所以不揣冒昧地把此书献于爵爷，正是希望爵爷由此会得到一点开心的玩意儿。因为爵爷虽然处于俗务世乐之中，可是对于高尚的沉思的快乐，仍感到一种兴趣。关于视觉，我的思想已经使我沈于冥想，远绝常蹊，因此，我如果把这些见解陈述于才疏智浅之人，那是不很适当的。不过爵爷既然识力宏肆，妙解无穷，超出凡庸，不拘偏见，因此，我就缪想爵爷正可以作为我这种企图的唯一赞助者。更有进者，爵爷不独能够发现我的错误，而且亦会饶恕那些错误。在我看来，爵爷在各方面，都有能力来在最抽象、最难解的事理方面，构成精确判断；唯一缺点只是：爵爷还不十分相信自己的能力。但是请恕我说，爵爷在这一点上，判断显然是有弱点的。说到下边这个论文，则我只得请求爵爷的宥恕，因为，在爵爷忙于重要国务的时候，我竟拿这样琐屑的东西放在爵爷面前，而且还想让爵爷知道，我实在心悦诚服地是爵爷的一个最忠实最恭谨的仆人。

乔治·贝克莱

视 觉 新 论

1. 宗旨

我的宗旨在于指示出：我们是由何种方式借视觉来知觉物象的距离、体积和位置。此外，我还要考究视觉观念和触觉观念的差异，并且考究这两种感官是否有共同的观念。在我看来，光学作者们在这方面，一向是依据错误的原则进行的。

2. 距离本身是看不到的

我想人人都承认距离本身是不能直接为人所见的。因为距离既是以其一端对着眼的一条直线，因此，它只能在眼底上投入一点。而且不论距离之为长为短，这一点总是不变的。

3. 远距离多半是为经验所知觉的，而不是为感官所知觉的

我发现，人们还承认，我们对很远的物象距离所作的估计宁是依据于经验的，而非依靠于感官的判断作用。就如我看到许多物象中间有家屋、田地、河流等，而且我曾经验过它们占着很大的空间，因此，我就断言，我看见在它们以外的那个物象，是在很大距离以外的。再其次，我如果经验过一个物象在距离近时，发生了有力的、庞大的现象，则在它显得模糊、渺小的时候，我亦会断言，它是在远处的。这分明都是经验的结果。如果没有经验，则我们不能由模糊和渺小对物象的距离作任何推断。

4. 近距离，人们以为是可以借光轴(optic axes)所夹之角观察到的

但是一个物象如果很近，使两眼间的距离和它发生了明显的比例，则一般人们便以为两个光轴交会在那个物象(以为我们只用一只眼看物的那种幻想立刻粉碎了)，成了一个角，由角的或大或小，物象就被知觉为近的或远的。

5. 这种知觉距离的方式和前一种方式的差别

在这种估量距离的方式和前一种方式之间，实在有重大的差异。原来，小距离和大而强的现象并没有明显的、必然的联合，大距离和小而弱的现象亦无明显而必然的联合。可是现在钝角和近距离已似乎有一种必然的联合，锐角和远距离似乎有一种必然的联合了。因此，任何人没有经验就可以分明知道，两光轴的交会愈近，则其角愈大，交会愈远，则其角愈小。

6. 距离亦可以借分散的光线所知觉

至于眼瞳之宽度如果同各种距离有了明显的比例时，则光学家又提出另一条计算距离的方法。这就是说，距离的远近是看由可见点而来的光线落于眼瞳时的分光的大小程度而定的；一个点如果是由最分散的光线所见的，则我们判断它是最近的；一个点如果是由较不分散的光线所见的，则我们说它是较远的。如此类推，光线愈不分散，则表面的距离便愈增加，一直等落于眼瞳上的各光线似乎是平行的时候，则距离会变成无限的。人们说，我们在以一只眼看物时，就是由这个方式来知觉距离的。

7. 这是不依靠经验的

在这里(他们说)，我们分明是不依靠经验的。我们确乎知道，

落于眼上的直接光线，愈近于平行，则它们的交点愈远，或者说它们所由来的那个可见点愈远；这乃是一种必然的真理。

8. 这虽是一般人的解释，可并不能满人意

这里我已把一般人对于借视觉来知觉近距离的解说介绍过了。不过数学家虽然以为这些解说是真的，毫无问题地加以接受，而且应用它们来决定物象的假现位置，可是在我看来，那些解说是很不能满人意的。我的理由是这样的：

9. 有些观念在被知觉时，是以别的观念为媒介的

第一点，我们分明看到，人心在知觉一个观念时，如果不能直接知觉其自身，则它一定得借助于别的观念。就如另一个人心中的情感，其本身不是我所看到的。不过我虽不能以视觉直接来观察它们，可是我可借那些情感在面孔中所表现的颜色观察它们。我们看到一个人的面孔变成红的或白的，我们就可以看出他是羞涩或是害怕的。这是常见的例子。

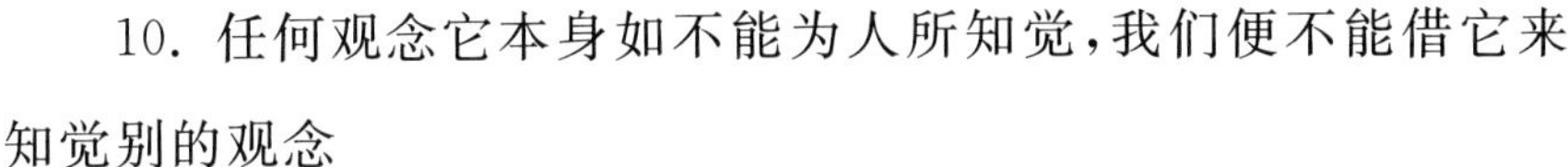

10. 任何观念它本身如不能为人所知觉，我们便不能借它来知觉别的观念

其次，我们还看到，一个观念如果其本身不能为人所知觉，则我一定不能以它来知觉别的观念。我如果不能看到人面的发红或发白，我便不能凭它来观察人心中的那些情感。

11. 我们是借别的观念来知觉距离的

由第 2 节我们分明看到，距离本来是不能为人所知觉的，不过它却被视觉所知觉了。因此，它之得以进入人心中，一定是凭借于视觉作用中所直接看到的另一种观念的。

12. 在光学中所提到的那些线和角，其本身是看不到的

不过数学家虽然妄以线和角来解释距离的知觉，可是那些线和角本身完全是看不到的，而且不精于光学的人亦根本不曾想到它们。我可以请任何一人观察自己的经验，看看在自己见了一个物象以后，他是否要以两条光轴所夹之角的大小来计算它的距离？他是否想到落于他的眼瞳上的那些光线，分散的程度是大的或是小的？他是否完全不能凭感官来知觉映于其眼上的各条光线所夹的各个角（这些角是按光线的分散程度的大小而有差异的）。人人都是最会判断什么是自己所知觉的，什么不是。我如果意识不到有一些线和角在我心中引进各种距离观念来，那么纵然世界上的数学家都告我说，我知觉到它们，那不是白费么？

13. 因此，人心并不能借线和角来知觉距离

那些角和线本身既是不能为视官所察知的，因此，我们可以根据第 10 节断言说，人心并不依据它们来判断物象的距离。

14. 还因为它们没有真实的存在

第二点，人们在一考察之后，还可以进一步知道这话的真实，因为他会看到，那些线和角在自然中并没有实在的存在。它们只是数学家所构成的一些假设，而且他们所以要在光学中应用那些线和角，只是为便于以几何的方法，来研究那种科学。

15. 还因为它们不足以解释那个现象

我所以反对那个学说，还有第三条，也就是最后一条理由，就是说，我们纵然承认那些光角有真实的存在，而且人心亦能知觉到它们，可是这些原则亦并不足以解释距离的现象。

16. 能提示距离的各种观念，共有数种：第一就是由眼的运动而来的感觉

我们已经指出，距离之得以提示于心中，是因为有本身可以借视觉所知觉的别的观念作为媒介。因此，我们只该问，有什么观念或感觉是伴视觉来的，是与距离观念联系着的，是把那些观念引在心中的。第一点，我们根据经验分明看到，我们在以两眼看一个近物时，则我们要按照那个物象之离我们的或近或远，来或减或增两个眼瞳中间的距离，把两眼的位置变化了。两眼的这种排列或转动能引起一种感觉来。在我看来，在这种情形下，我们心中所以发生了长或短的距离观念就是由于这种感觉。

17. 这种感觉和距离并没有必然的联系

不过我并不是说，由眼的转动所引起的感觉，和大或小的距离有任何自然的或必然的联系。不过人心因为借恒常经验发现出眼的各种排列所引起的各种感觉，常和物象的不同的距离相伴而至：因此，在那两种观念之间，便生起一种习惯的联系来。因此，人心在转动眼球使双瞳相近或相离时，只要一知觉到那种感觉，立刻就会知觉到与那种感觉常相联合的那种特殊的距离观念。正如我们一听到某种声音以后，与它常相连的那个观念就立刻呈示于理解中似的。

18. 在这种事情方面不易有错误发生

我也看不到，我在这件事情上如何会陷于错误。我分明知道，距离本身是不能为人所知觉的。因此，它一定是凭借于别的直接可知觉的观念才能被人知觉的。而且那个别的观念又一定是跟着距离的大小变的。我还知道，由眼球的转动而来的那种感觉，本身

是可以为人所直接知觉的，而且这个感觉的各种程度是和各种距离相联系的。一个物象的距离如果很近，而且两眼间的距离比起那种距离来，亦可以说是不小的，则我在以两眼清晰地观察那个物象时，那些距离一定会跟着那些感觉进入我心里。

19. **我们并不顾及光轴所夹之角**

人们有一个一致的意见说，借着改变两眼的排列，人心就可以知觉到光轴所夹之角为大为小。因此，它就可以借一种自然的几何，来判断它们的相交点是远是近。不过据我的经验看来，这话不是真实的。因为我并意识不到，我自己曾应用我在转眼时所生的知觉。在我看来，我既不知道有这回事，那么要说我们依此知觉构成那些判断并且得出那些结论来，那真是不可解的了。

20. **我们用两眼所形成的距离判断只是经验的结果**

由前边所说各点，我们分明得出一个结论：我们在以两眼观察一个物象时所得的距离判断，完全是经验的结果。我们如果不常见眼的各种排列生起各种感觉来，而且不曾见，那些感觉又和各种距离程度相联系，则我们万不会突然根据那些感觉来判断物象的距离；这个正如我们在听到一个人发出我们不曾听过的文字以后，不能依此来判断他的思想似的。

21. **第二就是现象的纷乱性**

第二点，一个物象同眼的距离如果较近，使眼瞳的宽度和它有了明显的比例色，它就显得较近，看起来较为纷乱。它愈靠近，它的现象亦愈纷乱。这种现象既是恒常的，因此，在人心中各种纷乱的程度和距离就发生了一种习惯性的联系。较大的纷乱程度就意味着物象的较小的距离，较小的纷乱程度就意味着物象的较大的距离。

22. 因为这种缘故，人们才说，人可以根据分散的光线来判断距离

许多著名光学家以为在某些情形下，人心在判断距离时，是根据由发射点而来，落在瞳孔上的那些光线之分散的程度而定的；而在我看来，在那些情形下，人心是以物象的纷乱现象为媒介来判断距离的。人们虽然假设各种光线会依靠它们和眼的倾度，构成角，可是我相信，没有人妄谓自己能看到或感到那些想象的角。不过他却不能看不到那个物象纷乱的程度是较大的，还是较小的。因此，由前边的解证，就可以得出一个明显的结论说，人心在决定物象的假现位置时，并不应用光线的较大或较小的分散程度，而只用现象的较大或较小的纷乱程度。

23. 答客难

人们或者会说，纷乱的视觉和大或小的距离，并无任何必然的联系，不过这话亦是妄说的。因为我可以问任何人，他在赧颜和羞耻之间，究竟看到有什么必然的联系呢？虽然看不到任何必然的联系，可是他一见别人面孔中发现那种赧颜，他心中就会发生了他一向所见伴着那个颜色而来的羞耻观念。

24. 在这方面，什么东西蒙蔽了光学家

光学家在这里所以发生了错误，乃是因为他们想象，人在判断距离时，正和判断数学中的结论似的。自然，在结论和前提之间，是绝对需要一个明显而必然的联系的。不过在人们关于距离所做的突然的判断方面讲，可就大不一样了。我们并不能设想，畜类和儿童，甚至于有理性的成年人，所以能知道一个物象之前来或后退，竟然是凭于几何和解证。

25. 何以一个观念能暗示另一个观念

要使此一个观念把彼一个观念提示于心中，只需要人们观察到它们常在一起出现就行，我们在此，并无须乎解证出它们有共存的必然性，甚至亦不必知道，什么能使它们共存。关于这一层，有好多的例证，是人人都不会忽略的。

26. 这条原则可以应用在纷乱和距离上

较大的纷乱程度既然和较近的距离常相联合，因此，前一个观念只要一被人所知觉，则它可以立刻把后一个观念暗示于我们的思想中。如果按自然的常轨说来，一个物象愈远，则其现象愈纷乱，则使我们思想一个物象的那种知觉一定反而使我们想象它是走得远了一些。离了习惯和经验，则那个观念亦可以产生出长距离观念来，亦可以产生出短距离观念来，甚至于不产生出任何距离观念来。

27. 第三就是眼的紧张

第三点，一个物象如果置于上述的距离，则在它较近于眼时，我们可以把眼紧张起来，使那个物象的现象至少暂时不至更为纷乱起来。在这种情形下，那种紧张的感觉就可以代替纷乱的视觉，帮助人心来判断那个物象的距离。在想看清那个物象时，我们所用的力量(或眼的紧张程度)愈大，则那个物象便愈近。

28. 能暗示距离的那些助缘，其本性和距离并无关系

我这里所提说的这些感觉或观念，在我看来，都是能引起各种近距离观念的恒常的、概括的助缘。是的，在许多情形下，别的各种情节亦帮助我们来构成距离观念，例如所见事物的特殊的数目、大小、种类等等。不过关于这一类能提示距离的种种助缘，以及上述的种种助缘，我只可以说，它们按其本性讲和距离并无任何关系或联系。它们所以能表示各种距离，只是因为它们在经验上和那

些距离联系着。此外并无别的原因。

29. 博罗博士(Doctor Barrow)所提出的一个难题是和向来的学说都冲突的

有一种现象是一向使光学家迷惑万端的，那个现象不但不能以他们的任何一个视觉学说来解释，而且据他们的自白，还正是同他们的学说直然相反的。因此，我们纵然在别的方面不能反对他们，只有这种现象已经足以使他们的信用发生问题。现在我可以把渊博的博罗博士在其光学演辞中结尾时所提出的全部困难向诸位提出来。而且我将根据上述原则来解说这个现象。

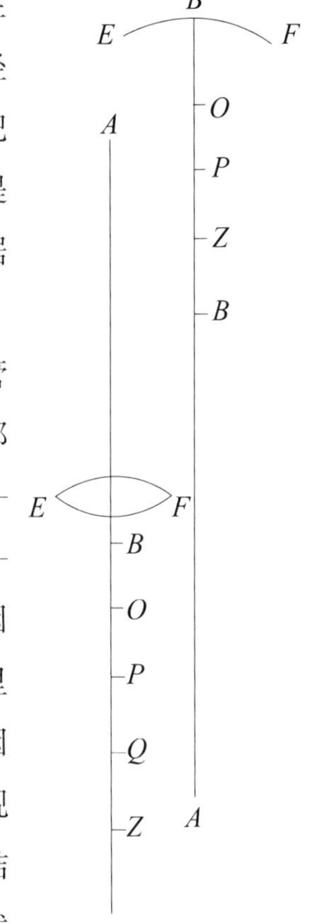

"关于光学中之数学的部分，我已经就管见所及提出来了。至于说到光学中别的部分，则我所观察到的，亦都与凯普列(Kepler)[①]申乃禄(Scheinerus)和笛卡尔(Descartes)等所说的无甚差别可言(这些部分因为是物理方面的成分居多，因此，人们在这里只有许多近似的推想，却少确定的原则)。因此，我想，我亦不必再重述别人的话，而且现在亦就很该停止讨论这个题目了。不过在结束这个题目之前，为忠于诸位和真理起见，我不得不告诸位以一种很难克服的困难。那个困难似乎是同我一向

① 现译作"开普勒"。——编者

所教人的那个学说恰相矛盾的，至少亦可以说是不能以那个学说来解释的。简单说来，它是这样的。在双重凸镜或凹镜 EBF 之前，把 A 点置在某个距离，并且使由 A 而来的各光线经过折光或反射以后，又相交在 AB 轴上。假定交点（就是 A 的影像）为 Z，我们可想象把自己的眼置在 Z 和 B（就是两镜的顶点）之间某个地方。现在的问题就是说，A 点应该在什么地方出现。经验指示出，它并不出现于 Z 点以后；而且它如果出现在 Z 点以后，那亦是同自然相反的，因为我们所见的印象只是由 A 或向 A 来的。不过按照我们的学说来说，A 点应该在很远的距离出现在眼前，而且远的程度应该有几分超过一切可感的距离。因为我们如果排除一切预断和偏见，则我们可以说，每个物象所发出的光线愈不分散，则它该现的愈远；而且那个物象如果向眼发出平行的光线来，则它应该是很远的；既然如此，则我们按理性当说，我们在以辐合的光线看那个物象时，则那个物象应该是更远的。此外，在这种情形下，我们还可以概括地问一问，什么能决定 A 点的假现位置，使它照着恒常的方式，有时现得近些，有时现得远些。更想根据前边所立的原则，来答复这个难问，则我们只得说，A 点是应该常常现得极远的。不过正相反，经验却使我们相信，在 B 点和 Z 点之间，我们眼的位置如果常变，则 A 点的距离亦是跟着变的。而且它的距离从来没有远过于肉眼所见的；而且有时它反而现得较为近一些。不但如此，而且落于眼上的那些光线愈辐合，而那个物象反而愈近。因为我们如果把眼紧置在 B 点（如果取凸镜中的 B 点或取凹镜中距离相等的 B 点）则物象 A 的假现位置几乎出现于其自然的地位。眼如果返到 O 点，则那个物象似乎近了一点，眼再退到 P 点，则它见那个物象愈近；随后，它如果再置于 Q 点，则那个物象现得极其逼近，而且渐渐会消灭了，变成一片纷乱。这些现象似乎都是和我们的学说相矛盾的，至少亦可以说是和它们不相符合的。不但我们的学说被这个实验所打击，而且我们所知道的任何学说统体亦都为它所动摇。古代那个学说（它是和我的学说最相近的，而且是一般人所接受的），尤其似乎完全为此实验所推翻，因此，博学的达蒯（Tacquet）亦不得不把他那全部《反射学》所依以建立的唯一原则，认为是虚伪的、不定的，而加以排斥，而且他既然把基础拆倒，因此，他就不得不把他在其上所造的上层建筑都拆卸了。但是他如果充分考察过全部事理并且把那个困难考察到底，则我相信他不致如此。在我自己觉得，不论这个困难或其他困难，都不足以影响了我，使我自己排斥了自己所认为显然合理的学说。尤其因为此地所述的困难是建立于特殊情节的特殊本性上的，所以我们更不能轻易抛弃了自己的学说。因为在现在这种情形下，一定有一种隐伏的特殊情节，深藏于自然的密处，使人们不易把它发现出来。只有我们在更完全地了解了视觉的方式以后，亦许会把它发现出来。不过在这方面，我承认，自己并不曾发现出近似的解释来，且不用说是确定的解释了。因此，我就把这个难题留给诸位来解决，并且希望诸位在这方面比我得到较大的成功。”

30. 这种情形驳倒了反光学中传统的学说

博罗博士在此处所提说的那个历代相沿的原则（就是达蒯的反光学的主要基础），就是说：“由反光镜凭反射所见的任何可见点，这都显得位于被反射回的光线和投射的垂直线的交点。”不过在现在这种情形下，这个交点既现在眼后，因此，它就把那个原则的权威大为摇动，因此，前说的作者虽然在其全部反光学中应用那个原则，以任何反射镜底反射来决定物象的假现位置，可是那亦就徒然了。

31. 可是这个现象却和我所立的原则相合

现在我们可以看看，这个现象和我们的学说如何相合。在上图中，眼愈近于 B 点，则那个物象的现象愈清晰；可是眼如果退到 O 点，则物象较为模糊；眼如果位于 P 点，则物象愈为纷乱；一直等眼回到 Z 点，它就看到那个物象纷乱得无以复加。因此，按照第 21 节说来，眼愈从 B 往后退，则物象似乎离它愈近，就是说按照我前边所立的原则说来，眼在 O 点时，物象似乎较眼在 B 点时为近，在 P 点时，又较在 O 点时为近，在 Q 点时，又较在 P 点时为近；这样一直推下去，等眼到 Z 点时，物象就完全消灭不见。这个事实，是任何人易于借实验体会到的。

32. 这个现象的解释

这种情形正仿佛一个英国人遇见一个外国人，所用的文字虽同英文一样，可是他的意思是正相反的。那个英国人一定会对于用那些文字的那个人心中与那些声音联系着的观念构成一个错误的判断。现在这种情形正是这样；那个物象所说的话（如果我可以这样说），正是眼所习闻的，就是说，那个物象的现象是纷乱的。不过向来最大的纷乱程度常表示着较近的距离，而它们在这种情形下意义却是正相反的，因为它们现在是同较大的距离联系着的。因此，眼是会必然错误的，因为它只以旧来的意义看那些纷乱的状态，实则那种意义和现在的真相是正相反的。

33. 这个现象证实了解释它的那个原则

这个现象已经把人们旧日那种意见完全推翻了，他们已经不能再让我们根据线和角来判断距离了。因为根据那个假设，那个现象是完全不能解释的。不过在反面，它却又证实了能解释它的那个原则的真实性。不过要想较详细地解释这一点，并且要指示出，在决定物象的假现位置时，究竟在何种范围内可以应用人心是借光线的各种分散程度来行判断的这个假设，则我们应当先提论精于光线屈折学的人们所共知的一些事情。

34. **什么时候视觉是清晰的，什么时候是纷乱的**

第一点，由发光点而来的各光线，在经过水晶体底屈折能力以后，如果恰好重交在网膜上，或眼底上，则我们可以清晰地看到那一点，但是它们的重交，如果是在达到网膜以前，或在经过网膜以后，那么我们的视觉就会纷乱起来。

35. **平行光线、分散光线和集中光线的不同的结果**

第二点，假定在下图中，NP 代表组织正常的眼，而且它又保持其自然形相。在第一图中，落于眼上的光线几乎是平行的，在经过水晶体 AB 的屈折以后，它们的焦点 F 便恰好落在网膜上。但是那些光线落在眼上时如果显然是分散的（如图二），则它们的焦点便落在网膜以外，或者那些光线如果在未达到眼时，就被透镜所集中（如图三），则它们的焦点 F 便落在网膜以前。在后两种情形下，由前节所说的看来，Z 点的现象分明是纷乱的。落于眼瞳上的各光线，其集中度或分散度愈大，则它们的再交点离网膜（或前或后）愈远，结果 Z 点亦就愈纷乱起来。这一层慢慢就可指示给我们以纷乱的视觉和微弱的视觉的差异所在。由物体的各个清晰点而来的光线，如果不恰好重交于网膜上的相关点，而却占了网膜上的较大的一个地位，我们就有了纷乱的视觉。这样则由各点而来的光线会混杂一处，纷乱不清。这是同清晰的视觉相反的，而是随着近的物象的。在另一方面，物象的距离如果较远，或者中间的媒介物如果粗重，使由物象来的光线只有少数落于眼上，那我们就有了模糊的视觉。这是和有力的或

明白的视觉相反的，而是随着远的物象的。不过我们可以话归正传。

36. 集中的和分散的光线如何都能暗示同一的距离

眼睛，或者（正确说来是）人心只看到纷乱现象，并不考察纷乱的来由，因此，它总是以同样远近距离，附加在同样纷乱程度上。不论那种纷乱现象是由集中的或分散的光线引起，都没有关系。因此，眼在经过透镜 QS，看物象 Z 时（这个镜子可以借屈折作用使 ZS，ZQ 等光线集中起来），它就会判断那个物象是很近的。而且那个物体如果置在眼所指示的那个距离，则它所发射的光线，在眼上的分散程度，就会产生出现在的集中光线所产生的那种纷乱程度来；那就是说，它就会在网膜上占了相等于 DC 的一个部分，如下图三。但是我们必须离了一切预想和成见（seclusis praenotionibus et praejudiciis）（如博罗博士所说）来理解这种说法；就是说在离了视觉底其他情节时（如可见物的形相、大小、模糊程度等），这种说法才可适用。因为这些情节都可以帮助我们来构成距离观念，因为人心常常经验到，它们的各个种类和各个程度是与各种距离关联着的。

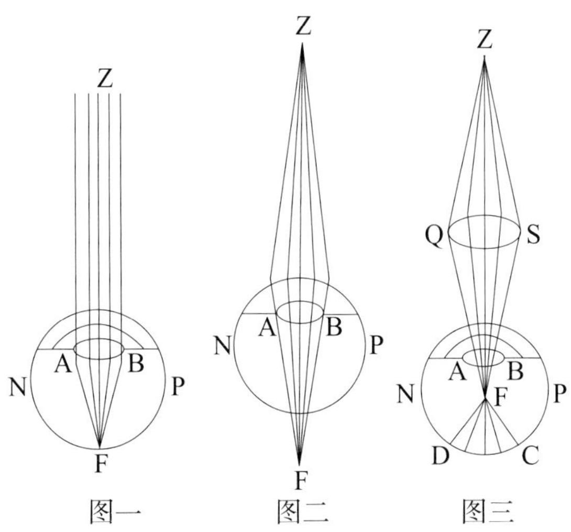

图一 图二 图三

37. 一个半盲的人可以在前一种情形下判断正确

由前边所说分明看到，一个半盲的人[①]（即是说他只能在物象紧靠于眼时，才能看得清晰），在前一种情形下，一定不会构成别人所构成的那个错误的判断。因为在他看来，较大的纷乱程度既常常暗示着较大的距离，因此，他在从镜往后退时，物象愈纷乱，他愈会认它是较远的。这是和一般人的判断相反的，因为他们看到物象愈纷乱，则愈会发生了接近的观念。

38. 线和角在光学中为什么是有用的

由此我们可以看到，在光学中要以线和角来进行计算，那是很有用的；不过这并不是因为人心可以借它们直接来判断距离，乃是因为人心在判断时所依据的情节和它们有关系，而且我们是可以借它们来决定那个情节的。人心在判断物象时既然依据于现象的纷乱程度，而且肉眼所见的这种纷乱程度之或大或小，又依人们看物象时所见的光线之分散程度的或大或小而定，因此，一个人在计算假现的距离时，便可以应用光线的分散程度；不过我们所以用它，并非因为它本身，乃是因为它和纷乱程度有些联系。因此，数学家便完全忽略了这种纷乱程度，以为它和距离并无必然的关系；他们只以为分散角度的大小才是和距离有必然关系的。他们在决定物象的假现位置时，只注意到线和角（特别因为它们能用数学来计算），以为它们才是人心所作的距离判断的直接原因。实则我们完全不应该考察它们自身，或者要考察，亦只能以在它们被假设为纷乱视觉的原因的范围内为限。

① 英文原指视力极为不佳之人。——编者

39. **人们因为不懂这一层,所以发生了错误**

人们不考察这一层,实在是一种基本的,使人迷惑的疏忽。要证明这一点,我们只看现在的例证就是了。人们已经注意到,最分散的光线可以在人心中产生最近的距离观念,而且分散的程度愈减少,距离亦就愈增加。而且人们既然又以为各种分散的程度和距离有直接的关系,因此,他们自然会根据不合理的比论,来断言说,集中的光线会使一个物象显得极其远隔,而且集中的程度愈增加,则距离亦会愈增加(如果这是可能的)。博罗博士的错误,就是由此起的,我们很可以根据前边所引他的话,来证明这一点。但是那位博学的博士如果注意,集中的和分散的光线,不论看起来如何相反,可是同样都能产生出同一结果,即纷乱的视觉来,而且不论光线的分散度或集中度只要一增加,视觉的纷乱度亦会无分别地跟着增加;他如果知道,眼之所以能看到分散度或集中度,正是因为这种在两方面都一致的结果——他如果考虑到这几层,则他一定会有相反的判断,而且他一定会正确断言,以较大集中度落于眼上的那些光线,一定会使其所从来的物象现得较近一些。但是我们分明看到,一个人如果只注意到线和角,而不曾了解视觉的真正本性,而不曾了解它在何种范围内可以用数学来研究,则他永不会在这方面得到正确的概念。

40. **现在我们要考究毛凌诺先生(Mr. Molyneu)在其光线屈折学中所提出的那个疑问**

在结束这个题目之前,我们可以评论一下毛凌诺先生在其《光线屈折学》中所提到的那个疑问[①]。他在那里,关于这个困难曾经

① 第1编,命题31,第9节。

说到："他（博罗博士）把这个难题留给别人来解决，因此，我就取法前贤，义所不辞了。不过我在解决这个难题时，并不因为有一种困难强迫我们（这种困难似乎在人类较熟悉了视觉的本性以后，才能解决），就在决定物象的位置时，把我们所立的明显的学说抛弃了，不，我同那位可羡的作者一样，仍然决心不抛弃自己所信的旧说。同时我可以请智巧之士来考究，一个物象（其位置如第9节中所说的）的虚假位置在眼前的距离，是否和虚焦点在眼后的距离一样大。"我们敢以否定的答案，来回答这个问题。因为在现在这种情形下，决定虚焦点和镜的距离的规则是这样的：物体与透镜间之距离与焦点距离之差比焦点距离，正等于物体与透镜间之距离比物象与透镜间之距离[①]。现在我们假定一个物象离镜的距离等于焦点距离的一又二分之一，而且眼又紧靠于镜，因此按照规则说来，眼后虚焦点的距离，正等于眼前物象的真正距离的两倍。如果毛凌诺先生的猜想是对的，则眼所见的物象距离应该等于真正距离的两倍。而且在别的情形下，亦许会等于真正距离的三倍、四倍以至别的倍数。不过这分明和经验相矛盾，因为物象最远亦超不过它的原有距离。因此，在这个假设上所建立的一切理论亦都（如其命题57）成立不住。

41. 生而盲者并不能乍然以视觉来得到距离的观念

由前边所提论的看来，就得到一个明显的结论：一个生而盲的人，后来如果能有了视觉，他亦不能在起初就凭视觉得到距离的观念。日、星，以及最远的，亦正如最近的一样，都似乎是在他眼中的，或在他心中的。由视觉所传来的那些物象，在他看来，只不过

① 毛凌诺：《光线屈折学》，第1编，命题5。

是一套新的思想或感觉(它们事实上也正如此),而且每一种物象都是很切近的,正如苦乐的知觉和灵魂中最内在的情感似的。因为我们所以判断视觉所见的各种物象是在远处的,或在心外的,那完全是经验的结果(参阅第28节),那个生盲在那些情形下,是未曾得到这种经验的。

42. 这是和普通的原则不相符的

不过按照普通的假设说来,则这种现象是不应有的。因为他们说,人在判断距离时,是凭借于光轴所夹之角的,正如一个在暗中的人,或盲人,以两手所持的两杆所夹的角来判断距离一样。这个说法如果是正确的则生而盲者在能视以后,一定不需要新的经验,就能以视觉来判断距离。不过我想,我们已经充分解证出这种说法是谬妄的了。

43. 视觉的固有对象并不是在心外,亦不是心外任何事物的肖像

在严格地考察以后,我们或者会看到,就是那些生来能看,长大仍能看者,亦不见得固执那另一造的意见:以为所见的东西是和他们远隔的。因为就在现在,凡思想过这回事情的人似乎都一致承认视觉的特有的直接的对象——颜色——并不是在心外的。不过人们又会说,我们还可以借视觉得到广袤、形相和运动的观念;我们纵然不承认颜色是在心外的,而这些观念仍是在心外的。要答复这一点,我可以请人来考察自己的经验,看看一个物象的可见的广袤是不是亦如它的颜色一样,是和他一样贴近的;他可以看看,那两种观念是不是在同一位置的。我们所见的广袤不是有颜色的么?即在思想中,我们能把颜色和广袤分开么?再其次,有广袤的地方，一定有形相，亦一定有运动。可是我所说的这些，都是为视觉所知觉的。

44. **较详细地解释这一点**

不过要想较充分地解释这一点，并且指示出，视觉的直接对象，并不是远隔事物的观念或肖像，则我们还必须有进一层的研究，并且要细心考研，在平常谈话中当一个人说自己所见的事物是在远处时，究竟有何种意义。就如我观月时，我说它离我有地球半径 50 倍或 60 倍之远。我们可以研究，此处所说的月是那一个。我们分明看到，它不是那个所见的月，或与那个所见的月相似的一些东西。因为我所见的只是一个圆而明的平面，它的直径约莫只有 30 个视觉点。因为我如果由我所立的地位一直向月前进，则那个物象分明是按照我的前进而变化的。而且我如果前进了地球半径的五六十倍之远，则我就不能再接近一个小而圆的光明平面；我所见的全不是那个东西了。这个物象早已消灭了，而且我如果想要恢复它，只得返回我以前所在的地球上。又假如我凭视觉看到一种东西的模糊不清的观念，可是我不知道它是人、是树还是塔，只估计它大约在一哩之外。在这里，我所说的，分明不是指我所见在一哩以外的那个东西，而且它亦不是一哩以外的任何事物的影像。因为我向它每进一步，则那个现象就会发生变化，它会由不清的、渺小的、模糊的，变为明白的、庞大的、有力的。在我走到一哩尽处，则我原来所见的完全会消灭了，而且我所见的亦都和它全不相似。

45. **我们所以说看到距离或外界事物，究竟有什么意义**

在这一类例证中，真相是这样的。就是说，我们既然常常经验到触觉所得的一些观念，如距离、凝度和所触的形相，常和一些视觉的观念相联系着；因此，我们在知觉到这类视觉观念时，便径直断言，在自然的常轨中，会有何种可触的观念要出现。我如果看到一个物体具有某种所见的形相和颜色，并且具有某种模糊的程度和其他情节，则我可以根据以前的经验来想象，我如果再往前走多少步，或多少哩，那我就会被某一种触觉观念所影响，因此，正确地、严格地说起来，我并不能看到距离本身，或所认为远隔的任何事物。我敢说，距离本身和远隔的任何事物，或它们的观念，都是不能为视觉所知觉的。在我自己，我是相信这种学说的；而且我相信，任何人只要一仔细考察自己的思想，只要一考察自己在说看到此物或彼物在远处时，有什么意义：则他会同我一致主张说，他所见的东西只在他的理解中暗示说，在经过身体运动（这是触觉所能知的）所能计算出的某种距离以后，他将要看到和那些视觉观念常相联系着的一些可触的观念。不过我们一看照镜或画片，我们就会相信，自己在这些方面原会受这些感官暗示的欺骗，而且会相信，在所见观念和由它们所暗示的所触的观念之间，并没有任何必然的联合。不过人们在这里应该注意，当我说所触的观念时，我是指感官或理解的任何直接对象而言的；因为现代人们用这个词，都是取其广义的。

46. 距离和远隔的事物之不为眼所知，正如其不为耳所知一样

由前所说，可以得出一个明显结论：空间观念、外界观念和远物观念，严格地说来，都不是视觉的对象。它们之不能为眼所知觉，正如它们之不能为耳所知觉一样。就如我坐在书室中，听得有一辆马车由街上赶过去；我从窗中一望，看见了它；并且走出去，坐

在马车里；则按平常说法，我可以说是听到、看到、触着同一事物——马车。不过我们仍然确乎知道，各个感官所传来的观念，仍是完全差异，互不相同的。不过我们既然常见它们在一块儿，因此，我们说起它们来，只好像是一回事。由声音的变化，我可以知觉马车的各种距离，并且在未向外看时，就可以知道它走近了我。因此，我亦一样可以借耳来知觉距离，正如我可以用眼来知觉距离一样。

47. 视觉观念比听觉观念容易和触觉观念相混

不过我虽然说自己看到距离，可是我却不说自己听到距离，因为听觉所知觉的观念不如视觉观念容易和触觉观念相混。因此，人们就容易相信，物体和外物不是听觉的特有对象，只有声音是它的对象，我们只是借声音为媒介，才把或此或彼的物体观念或距离观念暗示给自己的思想。不过我们却不易使一个人分辨出视觉观念和触觉观念的差异来。实则一个人所见所触的，并非同一事物，正如他所听所触的，不是同一事物一样。

48. 这种现象是如何发生的

这种现象的一个原因似乎是这样的。人们以为，要想象同一事物有一个以上的广袤和形相，那是很荒谬的。不过一个物体的广袤和形相，既然由视和触两条途径无分别地入于心中，因此，人们就以为我们所见的广袤和形相，就是我们所触的广袤和形相。

49. 严格地说来，我们所见所触的，并不是同一的事物

但是我们如果精密地一观察各种事物，则我们便不得不承认，我们所见所触的并非同一的事物。所见的东西是一回事；所触的东西又是一回事。所见的形相和广袤如果同所触的形相和广袤不是同一的，则我们便不当推论说，同一的事物有不同的几种广袤。正确的结论只是说，视觉的对象和触觉的对象，是划然各别的两种事物。要正确地来存想这种区别，或者要费一番思索。尤其困难的是因为，所见观念底集体往往和其常相联合的所触观念的集体，具有同一的名称（这种情形是由语言的功用和目的所必然生起的）。

50. 视觉的对象分为两层，一为直接的，一为间接的

要想精确地、不混淆地来研究视觉，则我们应常常记得，眼所摄取的对象可以分为两类，一是原始的，直接的，一是次等的，借助于前者的媒介的。第一种物象事实上既不是，外表上亦不是，在心外的，它们并不在远处。它们诚然可以变得较大、较小、较纷乱、较明白、较模糊，不过它们并不，而且亦就不能，走向我们或远离我们。任何时候，我们所以说，一个物象是在远处，我们所以说它走近或走远，我们一定是指后一种对象而言。这一种对象本是属于触觉的，它们并不真正为眼所知觉，只是为眼所暗示的，就如耳之能暗示思想于心中似的。

51. 这两种对象不易在我们思想中分开

我们耳中一听到熟悉的文字语言，则和它们相应的那些观念立刻会呈现在我们心中。声音和意义是在同一刹那内进入于理解中的；它们的联系是那样密切的，因此，我们如果把一个排除了，就不能不把另一个亦排除掉。甚至我们的动作在各方面都表示我们是听到那些思想本身似的。同样，那些间接的对象，就是视觉所暗示的那些对象，往往比视觉的固有对象还能刺激我们，还能为我们

所注意，因为那些间接的对象和视觉的对象同时入于心中，而且它们的联系比观念和文字的联系还要密切得多。因此，我们就常见，我们很不容易分辨视觉的直接对象和间接对象，而且常把仅属于后者的性质，归于前者。它们是密切地编织和融合在一块儿的。这种成见又因为长时的习染，语言的习惯，反省的缺乏，确定和固着在我们的思想中。但是我相信，任何人只要仔细考究我们已经说过的话，和在此书中将要说的话(尤其如果他能在自己思想中加以考察)，则他一定会脱除这个成见。我敢担保，谁要是愿意理解视觉的真正本性，我们的话是值得他的注意的。

52. 一般人对我们用视觉来知觉体积一事所作的解释是错误的

我已经讨论完距离，现在我可以进而研究，我们如何以视觉来知觉物象的体积。有些人以为，我们之知觉体积，是借助于角，或借助于距离和角。不过角和距离既然不是视觉所知觉的，而且我们所见的各种事物，实在亦不曾离开我们，因此，人心在判断物象的假现体积时，并不以线和角为媒介，正如我们已指示出，它在察知假现位置时，并不曾以它们为媒介一样。

53. 体积亦和距离一样是直接知觉到的

人们都很知道，同一的广袤在近距离时要对着一个较大的角，在远距离时，要对着一个较小的角。人们告我们说，人心在衡量对象的体积时，就是凭借这个原则的，它可以比较对象出现时的角度和其距离，因而推出对象的体积来。人们所以易于发生这个错误，自然是因为他们爱让人凭几何来看物，但是也因为他们不知道能提示距离的那些知觉或观念，同时亦能把体积暗示出来。但是我们在一考察之后就可以知道，那些观念之暗示体积，正与其暗示距离是一样直接而迅速的。我敢说，它们并不是先把距离暗示出来，然后再使判断依据距离为媒介，来推测体积。它们和体积的关系，亦正同它们和距离的关系是一样的，都是直接而密切的。它们离了距离，亦可以暗示出体积来，正如它们离了体积亦能暗示出距离来一样。任何人只要一思考前边所说过的，和后边将要说的，他就会分明看到这一层。

54. 两种所见的广袤都不是可以无限分割的

我们已经说过，视觉所摄取的物象有两种，每一种都各有其体积和广袤。一种是只可以摸触的，就是说，是为触觉所知觉的，所计量的，并不是直接落于视觉中的。另一种是直接专属于视觉的，我们借它可以看到前一种。这两种体积之或大或小，是看它们所包含的点的或多或少而定的，因为它们是由点或极微而成的。因为关于抽象的广袤不论人们有什么说法，而我们确乎知道，可感的广袤一定不是可以无限分割的。事实上有所谓最小的触觉点和最小的视觉点；超过这个限度，我们便不能有所知觉。这一层是人人可凭其经验所知晓的。

55. 对象的可触的体积是恒常的，所见的体积便不如此

心外存在的那个对象的体积，是远隔的，而且始终永远是一样的。至于可见的对象，则在你走近或离开可触的对象时，它会常常有所变化，它并没有确定的大小。我们说任何事物的体积时（如树，或家），所指的乃是可触的体积，否则关于它所说的一切就都是游移不定、意义含糊的了。不过所见的和所触的体积，虽然真是属于两个各别的对象，可是为避免繁冗和古怪起见，我有时说它们好

像是属于同一事物的，而我所以如此，尤其是因为那些对象有同一名称，而且被人看见是在一块存在的。

56. 由什么方式，可触的体积可以为视觉所知觉

要想发现出，视觉由何种途径可以知觉可触对象的体积，我只需反省自己心中所发生的现象，并且考察，当我看一个对象时，能在我思想中引进"大"的或"小"的观念的那些事物究竟是些什么。我看到这些事物，第一，就是所见物象的体积或广袤，它是直接为视觉所见的，而且是与远距的可触的广袤联系着的；第二，就是那个所见现象的纷乱程度，或清晰程度；第三，就是它的强劲程度或模糊程度。别的情节如果都一样，则我可以根据所见物象的或大或小，来断言可触物象的或大或小。不过视觉直接所见的观念纵然很大，可是它如果是纷乱的，则我说它的体积是渺小的，它如果是清晰的、明白的，则我判断它是较大的；它如果是模糊的则我判断它是更大的。此处所说的纷乱和模糊，我在第35节中已经解释其意义了。

57. 继续解释

我们对体积所构成的判断，亦和我们对距离所构成的判断一样；它亦是依靠于眼的排列的，亦是依靠于物象的形相、数目和位置的，亦是依靠于常见伴随着或大或小的可触体积而来的那些别的情节的。就如同一数量的所见广袤，在塔的形相下，就暗示出一个较大体积的观念，在人的形相下，就将暗示一个小了许多的体积的观念。我想，人人不用指教都知道，这是由于我们经验过一个塔和一个人的寻常的体积的缘故。

58. 纷乱的或模糊的现象和大或小的体积，并无必然的联系

我们还分明看到，纷乱现象或模糊现象，和小或大的体积，并

无必然的联系正如它们和小或大的距离没有必然的联系一样。不过它们既然把距离暗示于心中，它们亦一样把体积暗示于心中。因此，离了经验，我们既不会判断出，模糊的或纷乱的现象和大或小的距离有联系，亦不能判断出，它们和大或小的体积有联系。

59. 对象的可触的体积是较为被人所注意的，在这里我们要解释其原因

我们亦一样看不到，大或小的可见体积和大或小的可触体积，有任何必然的联系，使我们能依据此一个确然把彼一个推断出来。不过在证明这一层以前，我们可以思考一番，那为触觉的固有对象的广袤和形相，同那为视觉底固有对象的广袤和形相，究竟有什么差异；并且可思考一番，我们在看任何对象时，为什么主要地要注意于前者(虽非直接的)。这一点是我们在前边所曾提到的，不过我们可以在这里考察其原因。我们注意周围事物的程度，是按照它们或损或益我们的身体以为衡的，是按照它们在我们心中产生或乐或苦的感觉以为衡的。不过各种对象在直接接触于我们的感官时，才能发生作用，而且由此所发生的损害或利益亦完全依靠于物象的可触性质，而不依靠其可见性质。这就是那些可触的性质为什么比可见的性质更为人所注意的明白理由。因为这个缘故，上天才赋予各种动物以视觉，使它们在知觉到视觉观念时(这些观念本身并不能影响或变化它们的身体组织)，便可以预先见到(因为它们经验过，某些触觉观念和某些可见的观念是联系着的)，它们的身体在接触了或此或彼的远隔物体时，会有什么损害或利益随之而来。这种先见对于动物的维持种属是怎样必需的，这是人人凭其经验所能知道的。因此，我们在观察一个物象时，我们的注

意便集中于可触的形相和广袤。至于所见的形相和广袤,则不甚为人所注意,因为它们虽是直接知觉到的,可是它们与我们并无多大利害关系,而且亦不能在我们身体上产生任何变化。

60. 举例以明之

这种事实是真实的,因为任何人都知道,位于10呎以外的一个人,我们都以为他是同位于5呎以外时一样大的。这种看法显然在对象的可触体积方面是真实的,而在其所见体积方面便不如此。因为所见的体积在后一种地位,比在前一种地位要大得多。

61. 人们并不用所见的呎或时来度量

呎或时是确定的、法定的长度,我们常用它们来度量对象,并且估计它们的体积。就如我们说,一个物象似乎在6时或6呎以外,便是一例。不过此处所指的,分明不是可见的呎时,因为可见的呎时本身不是恒常的、确定的体积;因此,它就不能标记,不能决定别的任何事物的体积。就以尺子上所画的一时为例;我们如果在各种距离下观察它,使我们的眼有时离它半呎,有时离它一呎,有时离它呎半,如是不断地视察它,则在这些距离的每一种和其一切中间距离下,那一时一定有不同的广袤,那就是说,我们一定在其中能见到较多或较小的点。我现在可以问,这些互相差异的广袤中,那一种是法定的、确定的、可以公认作为其他体积的公共尺度呢?我们并没有什么理由来固执其一,而忽略其他。它如果没有一种确定的、不变的广袤,可以为时字所表示,则我们用它亦是白费的;照这样,则我们虽然说,一件事物包含着多少时,那亦不过是说,它是有广袤的,那并不能使人心对那个广袤,有了特殊的观念。再其次,一呎和一时在不同的距离下,可以呈现出同样可见的

体积来，不过我们在同时仍然要说，呗比 时似乎大了几倍。由此看来，我们可以知道，我们凭视觉对物象体积所作的判断，完全是以可触的广袤为标准的。任何时候，我所以说，一个对象是大的或是小的，是这种长度，或是那种长度，我所指的确乎是所触的广袤，而非所见的广袤，因此，可见的广袤虽是为人直接所知觉的，却是不很为人所注意的。

62. 所见的和所触的广袤，并没有必然的联系

由此我们就分明知道，这两种各别的广袤并没有必然的联系。因为我们的眼原可以组成另外一个样子，使我们只能看到最小视觉点以下的东西。在那种情形下，我们仍然可以知觉视觉的一切直接对象，正如我们现在所知觉的一样。不过那些所见的现象，却不会同现在那些可触的体积相联系。这就分明指示出，我们虽然依据视觉的直接对象之或大或小，来判断远隔的事物，可是我们所以有这种判断，不是因为它们有本质的、必然的联系，只是因为我们见它们有习惯的联系。

63. 较大的所见体积原可以表示较小的可触体积

我们不但确乎知道，任何一个视觉观念原不必和或此或彼的触觉观念相联系，如现在我们所见的那样；而且我们还确乎知道较大的所见现象还会同较小的可触体积相联系，把它暗示于心中，较小的所见体积亦会同较大的可触体积相联系，把它暗示于心中。我们日常经验到，这还确乎是一个事实。我们常见，一个对象的现象如果较强较大，另一个对象的可见体积如果较小较弱，而且它的现象较高（或者说是印在网膜下部），则前一个物体似乎并不如后一个物体那样大。因为后一种物体的地位和模糊程度，都可以暗

示出较大的体积和较大的距离来。

64. 我们对体积所构成的判断完全是依靠于经验的

由前节以及第57、58两节看来，我们分明知道，我们不但不能借视觉直接来观察物象的体积，而且我们亦并不能借同它们有必然联系的东西为媒，来知觉它们。现在虽然有许多观念在我们未接触外物之间，就可以把外物的各种体积暗示出来，可是它们在另一种情形下亦正可能完全不暗示那一回事；或者它们亦许在正相反的途径中来表示那些体积；因此，现在我们在知觉到一种观念之后，虽然可以借它来判断一个物象是小的，可是在另一种情形下，那个观念亦一样可以使我们来断言它是大的。那些观念就其本性说都一样可以在我们心中暗示出外物的或大或小的观念来，或者竟然不暗示出任何体积来；这个正如任何语言中的文字就其本性说可以标记或此或彼的事物，或竟完全不标记任何事物一样。

65. 我们之所谓看见距离和体积，正如我们所谓看见羞耻或忿怒似的

我们之看见体积亦正如我们之看见距离一样。我们之看见它们，正如我们之在一个人的面孔上看见他的羞耻或忿怒似的。那些情感本身是看不见的，不过它们之进入人心，却是由于眼看见了面孔上的颜色和变化；颜面上的颜色和运动才是视觉的直接对象，不过它们之所以能表示那些情感，只是因为我们常见它们伴随那些感情。我们如果没有这种经验，则我们便不会把脸红认为是羞耻的标记，正如我们不会把它认为是喜悦的标记似的

66. 不过我们却不爱如此思想，现在要解释其原因

但是我们总爱想象，我们经过媒介所见的那些事物，就是视觉

的直接对象;至少我们亦想象,在未有经验以前,那些事物就其本性说就是宜于为那些媒介所暗示的。这种成见是很深的,人人都不容易以理性的最明白的确信,使自己摆脱了它。不过我们亦似乎有理由可以想象,世界中如果只有一种不变的、普遍的语言,而且人们生来就会说这种语言,则许多人会以为,别人心中的观念是可以专借耳朵来知觉的,或者以为,那些观念和附着于其上的那些声音,至少亦是有必然而不可分的联系的。这种错误之起,似乎是由于我们不曾适当地运用自己的分辨官能,来分别理解中的各种观念,来分别思考它们。我们如果有了这种分别,则我们便不会把互相差异的观念混淆了,而且亦可以看到,某些观念含着某些观念,某些观念不含着某些观念。

67. 月在地平线时,比在天顶时,显得较为大些

我们已经说过,我们是由何种方式借视觉来了知对象的体积的;现在我们可以根据这个原则,试探着来解释一个人所共见的现象。月在地平线时,比它在天顶时,它的所见体积要大得多(不过我们知道,在前一种情形下,我们看月的直径时所依的角度,并不比在后一种情形下为大)。此外,我们还知道,月在地平线时,体积亦并不常是一样大的,它有时要比寻常大得多。

68. 这个现象的原因

要解释月在地平线时有时所以显得比平常为大的原因,我们应当知道,组成空气的各个分子,能把由物至眼的各光线阻隔了。物和眼间的空气成分愈多,则光线愈会受阻隔,结果,对象的现象亦就较为模糊起来,因此,各个物象之为强为弱,是和它所放来的光线之为多为少而定的。不过我们知道,月在地平线时,比它在天顶时，眼和它中间要有较多量的空气。因此，在地平线时，月的现象要较为模糊一点，因此依据第 56 节所说的原理来说，人们认它在那种位置时，比在天顶时，或在比地平线较高的任何地点时，要较为大些。

69. **在地平线时，月为什么有时比在别时要大**

其次，空气中又含着雾气和蒸汽，足以使光线发暗，减度，因此，它所含的气体，如果有时多，有时少，则地平线上月的现象就会不能常常有同样模糊的现象，因此，那个发光体虽在同一位置，我们亦会认它有时比别时较大。

70. **我们的解释已经证明是正确的**

人们如果一考察下述的事理，那他们就会更明显地看到，我们在此处给地平线上月的现象所下的正确解释。第一点，在这种情形下，能暗示较大体积的观念的，一定是一种可以为人所知觉的东西；因为不被知觉的东西，根本就不能向我们的知觉暗示出别的东西来。第二点，那种东西前后一定不是一样的，一定是能发生变化的，因为地平线上月的现象是有时大有时小的。第三点，它不能是那个所见的形相或体积，因为它是不变的，而且月愈走近地平线，它是愈小的。因此，真正的原因 ·定在于可见现象的变化，这种变化是因为来至眼中的光线较为稀少所致，这种光线稀少，我就称为模糊，因为这正契合于前述的各种条件，而且我亦不曾意识到有别的知觉可以有此作用。

71. **月在雾中更显得大些，因此，更能证实我们的学说**

此外，人们还知道，在起了雾的天气中，地平线上的月比寻常更要大些，这更证实了、加强了我们的意见。不过即在清明的天气中，地平线上的月虽偶尔有时亦显得比平常大，可是这亦不能丝毫同我们所说的，稍有抵触。因为我们不当只顾及我们所站的地方的雾气；我们应当把眼和月中间所有的蒸汽、烟雾一共计算在内：这些情节既然都能使月的现象较为模糊，因而增加其体积，因此，它即在地平线位置时，我们所在的地方虽然没有特殊的烟雾，可是它有时亦会显得比平常大些，因为眼和月中间的空气总量，在那时可以比在别时，含有较多的蒸汽和烟雾在其中间。

72. **答客难**

人们或者会反对说，按照我们的原则说来，我们如果把半透明的物体，置于月亮和眼中间，把它的大部分光线遮断，则一定会使月在天顶显得如在地平线时一样大。不过我可以答复说，我并不说模糊现象在任何情形下，都可以提示出较大的体积来；因为这两种现象之间并无必然的联系，只有经验上的联系。既然如此，则我们必须先见到某种模糊现象，在某种方式下，在某些条件下，和某种较大的体积的视觉相伴而来，然后那种模糊现象在那种方式下，在那样的情况下才能使现象增大。我们如果在远处观察大的物体，则中间空气中和烟雾中那些看不到的分子就会阻碍光线，使现象较不强烈，较不活跃。这样引起的模糊现象在我们经验上，是和较大体积共存的。不过这种模糊的程度，如果是由于中间有可感到的、半透明的物体起的，则情形便不一样，因此，这样所生的模糊现象，就不能暗示较大的体积，因为我们不曾经验到它们是共存的。

73. **说明模糊现象是由何种方式暗示较大现象的**

模糊现象，和其他能暗示体积或距离的知觉观念是一样的，它们之暗示体积，正如文字之暗示那些同它们相联系着的观念似的。

我们知道,我们如果是在特种情节下发出某种字音,并且使它同别的字音形成一种特殊结构,则它所有的含义,一定不能同在别的情节下,在别的结构中时一样。一种可见的现象,如果其模糊的程度和其别的方面都不变,只是它的位置移得高些,则它所暗示的体积,便和它在与眼相平时,在同样距离外所暗示的不同。这个情形是因为我们不习惯于观察高处的对象;而且我们所关心的乃是眼前的事物,而非头上的事物。因此,我们的眼就不生在头顶上,而生在能看面前远物的那种位置,它们这种位置是常和远物的视觉相伴的一种情节,因此,我们就可以依此来解释,一个物象在百呎高的岩顶上时,何以同在百呎以外的平地上时,在岩下的人看起来会有了不同的体积(这是一个常见的现象)。因为我们已经指示出,我们对事物体积所构成的判断,不独依靠于可见的现象,而且还依靠于各种情节,这些情节中如有一种缺乏了或变化了,就可以使我们的判断发生变化。因此,我们如果常在某种情节下,观察平常位置下的远隔的物象,而且那种情节又和眼及头的平常姿势相合适,则那种情节如果取消了,而且物象的位置也变化了,使头不得不变更其姿势,则我们正不必惊异,人们会判断那个体积是不一样的。不过人们会问:"高处的物象为什么比同样大的远隔的对象在低处时常显得小呢(如我们常见的)?我们诚然可以承认,各种情节变化了,我们对高处对象的体积所做的判断也会发生变化,因为我们是不常看高处对象的。不过它们何以被看做是较小的,而不是较大的呢?这却是我们所不解的。"我可以答复说,远物的体积如果只是被可见现象的大小所暗示、所判断,则它们在高处时确乎要被判断为比现在的现象较小些(参阅第 79 节)。不过我们在

对于远物的体积来构成判断时,往往要依据于各种情节;而且那些对象正可以依照那些情节,显得比别的同大或较大的对象更大一些。因为这个缘故,所以那些情节变化了或缺少了,远的物象就会按照比例显得小起来,因为那些情节一向伴着远物的现象出现,而且能影响我们关于它们体积所构成的判断。因为一个对象所以显得比其可见的广袤为大,原依据于各种事物,因此,那些事物之中如果有一种取消了,或者虽仍存在而没有寻常的情节,则我们的判断会完全依靠于那个可见的广袤,因此,我们一定认为那个对象是较小的。在现在这种情形下,我们所见的那个事物的位置,既然异于我们所常见的对象(它们的体积是我们所常观察的),因此,同一对象在百呎以上时,要比在百呎以外与眼相平(或大约相平)的位置时显得小些。这里所说的各种情节,在我看来,似乎很能帮着扩大地平线上月亮的现象,因此,我们在解释那个现象时,不可忽略了这一层。

74. 人们为什么以为地平线上月亮的现象是不易解释的

我们如果仔细观察面前的现象,就会看到我们所以难于解释它的最大的原因就在于我们不曾分辨视觉的间接对象和直接对象。视月的现象(就是视觉的直接的固有的对象),在地平线时并不比在天顶时为大。那么它为什么在前一个位置比在后一个位置似乎较大呢?什么东西能这样欺骗我们的理解呢?理解对月亮所得的知觉只是由视觉来的;而且所看到的体积是相等的;就是说,月亮在地平线上被人所见时,比在天顶时,它的视像原有相同的体积,或者竟可以说,有较小的体积。不过我们却认它在前一种位置比在后一种为大。我们的困难正在于此。不过这个困难是容易消除、容易解释的，因为我们可以知道，视月亮在地平线时比在天顶时，实际上既不较大，而且我们也并不想它是较大的。我们已经说过，在任何视觉作用中，视觉对象自身是不大为人所注意的，人心往往要从视觉对象进到触觉观念，因为他们常见，后一种观念和前一种常相联系，而且借此常为前一种所暗示的。因此，任何时候，我们如果说，一件事物的体积显得较大或较小，则我们所指的，一定不是视觉对象，而是触觉对象。我们在仔细思考过这一层以后，则我们正不难调和这个貌似的矛盾，正不难解释，何以月亮的可见体积不变，而它却似乎有不同的大小。因为依照第 56 节看来，我们可以知道，同一可见广袤，可以借不同的模糊程度，暗示出不同的可触广袤来。因此，我们说，地平线上的月亮比天顶上的月亮显得较大，那并不是指着较大的可见广袤，乃是指着较大的可触（或真实）广袤，而这个可触广袤之所以被暗示于心中，仍是因为那个可见现象比平常特别模糊的缘故。

75. 许多人在这方面所试探的解释都是无效的

学者们作过许多企图来说明这个现象。加孙第[①]（Gassendus）、笛卡尔（Descartes）、霍布士[②]（Hobbes）以及其他诸人，都曾经在这个题目上运用过自己的思想，不过你只要一翻阅《哲学汇报》（*Philosophical Transactions*）（187 号，314 页），那你就会看到，他们那些企图之无结果、之不能满人意，已经充分地指示出来了。在那里，你会看到，他们的各种意见都详细叙述出来，并且一

① 现译作“伽桑狄”。——编者

② 现译作“霍布斯”。——编者

一都被驳斥了。在那里你会惊异，那些聪明人在以平常的光学原则，企图来调和这个现象时，竟然至于陷在那样糊涂的错误中。自那篇论文写出以后，著名的瓦里氏博士(Dr. Wallis)在《哲学汇报》中还发表了一篇关于那个题目的文章(187 号，323 页)来解释那个现象。那篇文章虽然没有什么新的意见，或异乎别人的意见，可是我要在这里把它加以评论。

76. 瓦里氏博士的意见

他的意见，简单说来是这样的。他说："我们在判断物象的距离时，并不是只依靠视角，而是依靠距离和视角两者的。因此，角度纵然不变，或者甚至变小，可是距离如果显得增加了，则物象也一定会显得大些。我们在估量物象的距离时，有时是凭借于中间物象的数目同大小而定的，因此，月在地平线上被观察时眼和地平线尽处之间，那许多田野、房屋，以及广漠无边的海和陆，就会在心中暗示出较大距离的观念来，因此，它就能把月的现象增大。由此看来，月在地平线上时，它的直径所对的角虽然并不比平常稍大丝毫，可是人心会因为上述的理由认它是特别大的。"瓦里氏博士以为这就是这个特殊现象的真正解释。

77. 这个假设是不能满人意的

关于这个意见，我不必再重新提说前边关于距离所说的话。我只可以说，第一点，中间的各种物象的景色，如果能暗示较远距离的观念，而且这个远距观念又能在心中引起较大体积的观念来，则一个人在墙后边看地平线上的月时，它该比平常并不稍大一点。因为在这种情形下，中间所隔的墙既然把海陆的一切景象都遮断，它便不能增加月的假现距离，因而它也不能增加月的假现体积。

人们或者会说，即在这种情形下，我们的记忆也可以把地平线以内的大片陆地暗示出来，使感官一下子判断出月是比平常远而大的。不过这种说法仍是不能满人意的，因为人在那种位置下，在看见月以后，虽然也以为它比寻常大，可是你可以问他在那时候，他心中果然观念到眼同地平线尽处中间所有的一切物象同大片陆地么？而且他之所以有前述的判断，果然是因为有那个观念么？你如果这样问他，他一定会给你以否定的答复，而且他虽然不曾想到月和他中间所有的一切物象或任何物象，他也会告诉你说：地平线上的月要比天顶上的月较为大些。第二点，我们似乎不能用这个假设来解释，月何以在同一位置之下，有时比别时显得大些。不过这个现象却是契合于我们所立的那些原则的，而且是很容易用它们来解释的。若再来进一步阐明这一点，则我们还可以说，我们所直接能见的东西，只有各种位置和各种浓淡的光和色，以及各种程度的模糊性、明白性、纷乱性和清晰性。这些视觉对象都是在心中的，它们所以能暗示任何外界东西，只是凭借于习惯上的联系，正如文字之暗示各种事物似的。此外，我们还可以说，除了眼的张力，以及活跃的、微弱的、清晰的、模糊的现象而外（这些现象因为和线同角有相当比例，因此，我们在本书前部分就用它们代替了线和角），还有别的东西也可以暗示出距离和体积来。视觉点（或对象）的位置之或高或低，尤其有关系。高的对象可以暗示出远的距离，大的体积来；低的对象可以暗示出近的距离和小的体积来。这些都只是习惯和经验的结果；实则最高处和最低处的对象对眼都是一样远的（或者完全无距离可言），在其距离之间并没有别的中间的东西可以把它们划分出来。因为在高处或低处的物象中并没有任何

东西可以借着必然的联系，暗示出较大或较小的体积来。能暗示距离的这些习惯的、经验的方法，也能把体积暗示出来，而且还能直接地把它们两者都暗示出来。因此，我可以说，它们并不是先暗示出距离来，然后再让人心据此来推断，来计算体积；它们是同时把距离和体积都立刻直接暗示到心中的(参阅第53节)。

78. 在计算假现体积时，我们为什么也能用线和角

地平线上月的这种现象，就分明证实线和角不足以解释人心知觉和估量外物体积的方式。不过真能在心中暗示出事物的假现体积的，虽不是线和角，而是别的观念或知觉，可是这些线和角如果同那些观念有了一种联系，我们也可以用它们来计算，来决定事物的假现体积。不过关于光学中的数学计算法，我们可以概括地说，这种方法是不能精确的，因为我们对于外物体积所构成的判断，是依靠于各种情节的，而那些情节同线和角是不成比例的，或者是不能用线和角来定义的。

79. 一个生盲在能看以后，对体积会有什么判断

由前边所说的看来，我们可以安然推得一个结论说，一个生盲，在能视之后，在刚开了眼时，对眼所见物象的体积所构成的判断，一定同别人所构成的不一样。他一定不会以视觉观念和触觉观念互相比较，他一定不会以为它们有任何联系。他看那些观念就只限于那些观念，他所以能判断它们的或大或小，也只以它们所含的视觉点的数目或多或少而定。不过我们知道，一个视觉点只能遮蔽或排除另一个视觉点。因此，任何物象如果能使别的物象隐而不现，则它所有的视觉点，一定同那个别的物象一样多；因此，他才认它们的体积是相等的。因此，我们分明知道，一个人在那种

情形下，会认他的大指等于一座塔，会认他的手等于穹苍，因为他可用大指把塔遮住，使它隐而不现，也可以用手把穹苍遮住，使它隐而不现。自然，在我们看来，那两种东西似乎是很不相等的，因为在我们心中，视觉和触觉的对象已经有了习惯的、密切的联系，使两种感官的厘然各别的对象混杂在一块，使我们误认它们是同一件事物。这种偏见，真是难以排除的。

80．最小视觉点在一切生物都是一样的

为了较明白地解释视觉的本性起见，并为了正确阐明我们知觉体积的方式起见，我可以进而在这方面再说一些话。在这方面，我想，人们所以发生了错误的、纷乱的意见，只是因为自己缺乏反省，和不能适当地分辨触觉和视觉观念。我所要说的，第一就是，在一切赋有视觉的生物方面，最小视觉点都是确乎一样的。一种动物的眼纵然有精细的组织，敏锐的视力，它的最小视觉点也不能比别的动物为小；因为那个点既然不能再分为各部分，而且也不是由各部分所组成的，则它对一切生物必然是相等的。因为我们如果想一个小虫的最小视觉点比一个人的最小视觉点为小；则后者必须减少了一些部分才能等于前者。不过这样一来，后者就会是由部分成立的了，就和最小视觉点的观念全不相符了。

81．答客难

人们或者又会反对说，人的最小视觉点实在含着各个部分，实在比小虫的为大，只是人自己不觉察罢了。不过我可以答复说，最小视觉点既然同视觉的其他直接固有的对象一样，并不能存在于能看它的人心以外，因此，它的任何部分都是不能不被人精确知觉的，因此，它一定是可以看到的。因此，要说一个东西既含着几个清晰的可见部分，同时又是最小视觉点，那是一种明显的矛盾。

82. 眼在任何时候所见的视觉点，都一样多

我们所见的这些视觉点，在任何时候数目都是一样多的。视觉点的数目在我们的视野被近的物象所限制时，也正和在视野扩展得很远时一样大。最小视觉点既然只能互相隐蔽，因此，明显的结论就是，在我的眼界被书室的墙壁所围绕时，我所见的视觉点，正如把书室的墙壁和其他障碍除去以后，我充分看到周围的田野、山岳、海洋和穹苍时一样多。因为我在被围于那些墙壁中时，它们固然把外物的每一个点同我的眼界隔开，可是我们所见的每一个点既然只能把相关的另一个点遮住或排除了，因此，在我的视野被围于那些距离狭窄的各墙壁时，我所见的最小视觉点的数目，一定也同去了墙以后我看见一切原来被遮的外物时一样。因此，任何时候，我们如果说自己所见的景象比别时大，则我们所说的，一定不是指视觉的固有的、直接的对象，一定是指它的次等的、间接的对象；不过这些次等的对象，如前所说，原来都是专属于触觉的。

83. 视的官能有两层缺点

视官若在其直接的对象方面来考察，可以发现有两层缺点。第一就是它所见的视觉点的范围和数目的狭窄的，限于某种程度的。它在一时只能摄入一定数目的最小视觉点，它的视景并不能超过这个范围。第二个缺点就是，视官的视景不但是受限制的，而且大部分是纷乱的。乍看之下，我们所摄入的那些事物，我们只能在一时明白地看到一小部分；我们如果在一个对象上集中自己的视线，则别的对象会变得较为黑暗，较为模糊。

84. 不过我们可以想象有两层优点同这两层缺点相应

对视觉的这两种缺点，我们也可以想象出一些相应的优点来。

就是，第一，有的灵物或者可以在一视之下，摄入较多的视觉点。第二，有的灵物或者可以在同时把它们都明白地、清晰地看到。和我们不属于同一品级的那些灵物或者有另一种能力，或者可以真有这两种优点，这是我们不敢否认的。

85. **在这两方面，显微镜并不能促进我们的视觉**

在这两方面，显微镜并不能协助改进我们的视觉。因为当我们借显微镜观察时，我们也并不能增加较多的视觉点，而且那些并列点，也并不比在我们用肉眼观察距离适当的物象时较为清晰。显微镜似乎把我们带入一个新的世界，而且它所呈现出的视觉对象的新景色，也远异乎我们用肉眼所见的。不过这里却有一种重大的差异，就是，眼所见的那些对象，同触觉对象有一定的联系。而且我们可借此预知，远隔的物象在接近于我们的肢体时，将有何作用；这一层是很能保存身体的。至于我们借显微镜所见的那些视觉对象，和可触事物，便无同样的联系。

86. **我们可以考究显微镜式的眼有何功用**

由此我们分明知道，我们的两眼如果变成显微镜的样子，我们也并不能凭此变化，得到多大益处。我们由此反而会失掉现在视官所能接受的前述那些优点；我们由此只能凭观赏事物，空自开心，却不能由此得到别的利益。不过在那种情形下，人们或者又会说，我们的视觉比现在可较为敏锐，较能透视。不过请他们告我，他们所说的那种敏锐之度，究如何可以成为视觉的优点。据我们所说的看来，我们确乎知道，最小视觉点既不能大，亦不能小，它在一切情节下都是一律的。因此，我们在具有显微镜式的眼时，我们所见的差异只是，原来在视觉和触觉的知觉之间本有某种明显的联系，可以使我们凭眼来支配自己的行动，可是到了现在，那种联系一经中断，那种联系就完全失去那种作用了。

87. 我们的视觉很适合于视的目的

总结起来，我们似乎可以说，我们如果考察视觉的功用和目的，以及我们现世的状态，则我们并没有多大的理由来抱怨它的任何缺点，而且我们也不容易想象它如何可以有所改进。造物在创造这个官能时，已经运用他那样令人赞叹的智慧，使它合于人生的快乐和安适了。

88. 关于直立现象的困难

关于物象的距离和体积，我所想说的话已经都说过了，现在我们可以进而讨论，人心是在什么方式下借视觉来知觉物象的位置。在前一世纪所有的各种发现中，视觉的方式已经比从前有过较明白的解释，这是颇为人所赞扬的一点。时至今日，无人不知道，外物的图画是照在眼的网膜上的。人人都知道，任何东西若不这样画在网膜上，就不能为各人所见，而且我们对物象所有的知觉之为清晰为纷乱，亦是看这个图画之为清晰为纷乱而定的。不过在这样解释视觉时，确发现了一个大的困难。在眼底上所画的物象是倒转过来的，任何物象的上部是在眼的下部画着的，它的下部是在眼的上部画着的。至于左右两边也是反着的。图画既然是这样倒着的，那么请问，我们怎样把物象看成是直立的，是在它们的自然位置下的呢？

89. 普通的解释方法

为了解答这个难题，人就告我们说，人心在知觉到光线刺激眼的上部时，它就以为这个光线是由物象下部照直线来的，同样，它在推原落在眼的下部的那个光线时，它也会被领到物象的上部。因此，在下图中，物象 *ABC* 的下部 *C* 点，便投射在眼的上部 *c* 点

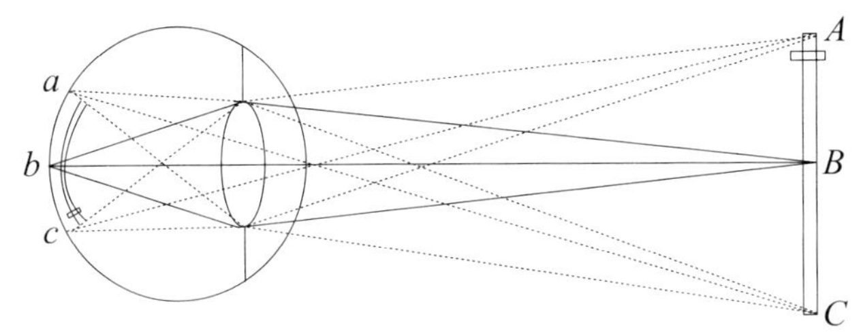

上。同样，最高点 A 也投射在眼的最低部分 *a* 上，因而造成倒转的 *cba* 表象。不过人心却以为落于 *c* 点的那个刺激是由物象下端循 *Cc* 线来的，而且落于 *a* 的那个刺激是由物象上部循 *Aa* 线来的，因此，图画虽是倒转的，人心却能依此构成一个正确的判断。他们还又譬解说，我们可以想象一个盲人手持着两根交叉的杆子，并用它们来触摸一个直立的物象的两极。在这里我们分明看到，这个人会认他下手所持的杆所触的，是物象的上部，会认他上手所持的杆所触的，是物象的下底。这就是人们对于物象的直立现象所下的普通解释，而且人们都普遍地接受它，满意它（如毛凌诺博士所告我们的话）。[①]

90. **这种解释方法是错误的**

不过在我看来，这种解说是毫不正确的。我如果看到光线的那些刺激、交叉和方向，如人们所陈述的那样，则这个解说初看之下并不是完全没有道理。因为要是这样，则人们如以盲人和其交叉和杆子来比拟，那还有些似是而非的道理。不过事实完全不是

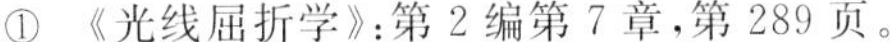

① 《光线屈折学》：第 2 编第 7 章，第 289 页。

这样。我们分明知道,自己并没有知觉到那类事。为此,我就不能来依此估量物象的位置。我可以借重于任何人的经验,看看他在以视觉观察任何物象的位置时,他是否经验到、意识到,自己曾思想那些光线的交叉,或追寻它们从那些直线所给予的刺激?在我看来,儿童、痴人或其他任何人,都不曾想到光线的交叉和追溯,只有那些研究光学的人才能想到这一层。要说人心虽可以用那些东西来判断物象的位置,而却不知觉它们,或者虽知觉它们,而却不知道自己知觉它们,那都是一样不可理解的。不但如此,而且我们如以交叉的杆子为例,来解释视觉的方式,以为它可以沿着光线的光轴来追寻物象,那正假设了视觉的固有对象是可以在远处被知觉的,那就反乎我们以前所解证的了。

91. 在这方面,我们所以发生了错误,也是因为我们不曾分别清楚视觉和触觉的观念

因此,我们就只有找寻别的方法来解释这个困难。我相信,我们如果能仔细考察到底,并且精细分别视觉观念和触觉观念,则我们不是不可以找到一种解释。这种分别,在讨论视觉时,我们是不厌以之谆谆教人的。尤其在考察这种事情时,我们思想中,更应该把这种分别记清楚。因为我们在解释直立现象时,所以发生困难,大部分就是由于我们不曾正确理解这种分别。

92. 我们应当考究一下生盲的情况

关于现在这个题目要使我们的心思摆脱各种成见,最妥当的方法就是我们假定一个人生来原是盲的,可是长大以后,又能看见。自然,我们或许不容易把由视觉得来的经验都完全脱除,使自己确乎思想到盲人能看以后所思想的。不过我们仍应当尽力对他心中所可能假设发生的现象，构成一些真正的观念。

93. 这样一个人可以借触觉得到“上”和“下”的观念

我们分明知道，一个人如果真是瞎的，而且自幼就是瞎的，则他可以借触觉得到“上”和“下”的观念。他可以借手的运动来分辨他所能及的任何触觉对象的位置。他所感觉为支撑他的那一部分，或者他所知觉为他的身体向之沉降的那个部分，他便叫做低下的，反之，他便叫做高上的；因此，他所触及的任何物象，他亦这样称呼它们。

94. 这些位置的情状，他只能归之于触到的物象

不过关于物象的位置，他所构成的任何判断，只限于那些能为触觉所知觉的物象。至于在一切其他不可触的精神的事物方面，他的思想、欲望、情感以及其灵魂的一切变状，他都不能应用高的、低的等等形容词，只有在比喻时，才可有此说法。他虽然可以用比喻说法，说高尚的思想或下贱的思想，不过那些形容词就其本来的意义说来，并不能适用于不在心外存在的事物。因为一个人如果是生而盲的，而且以后仍是盲的，则他所谓高低等等形容词，只是指距离地球的远近而言；而且他在度量这种距离时，是以他的手或其他肢体的运动或摸索为凭的。因此，他所认为一高一低的东西，在他想象起来一定是存在于心以外的四围的空间中的。

95. 他在一看之下，一定不会知道自己所见的事物是高的、低的，是直立的、是倒立的

由此我们分明看到，那样一个人在有了视觉以后，初看之下，一定不会以为自己所见的那些事物，是高，是低，是直，是倒，因为我们在第41节已经解证出，他并不以为自己凭视觉所见的事物，是同他远隔的，或是在他的心外的。他一向所称为或高、或低、或上、或下的那些事物，都是由他的触觉在某种途径中所感触，所知觉的；不过视觉的固有对象却又成为另一套新观念，而且那些观念同前一套观念是完全分别差异的，完全不能为触觉所知觉的。因此，他无论如何不能想到，哪些形容词可以应用于哪些新观念。只有在他观察到它们和触觉对象间的联系以后，只有在他的理解徐徐地染了这种偏见以后，他才能想哪些形容词可以应用于视觉观念。这种偏见在别的人们的理解中，是自幼已经根深蒂固了的。

96. 以一个例证来阐明这一点

为了详细解释这一层道理起见，我将引用一个例证。假定上述的那个盲人，借其触觉知道一个人是直立着的。我们可以考察这个认识的方式。他在用手摸索了人体的各个肢体以后，就知觉到种种不同的触觉观念，这些触觉观念集合成为一些复杂观念，而且各有各的名称。因此，有些部分的可触的形相、体积和密度，便集合成为一体，叫做头，另一些所集合的便叫做手，又一些所集合的便叫做足，如是可以类推下去。这些复杂的观念所以能在他的理解中形成，只是凭借于触觉所感的观念。他又曾凭借触觉得到地的观念，而且他知觉到，他的身体的各肢体是天然倾向于地球的。在他看来，所谓直立的，也只是说那个人的垂直的位置；在那种位置下，那个人的足是最接近于地面的。这个盲人在以手摸其面前所立的人的各肢体时，如果知觉到，组成头的那些触觉观念，最远于所谓地面的那些触觉观念的集合体，组成足的那些触觉观念，最近于所谓地面的那些触觉观念的集合体，则他会叫那个人是直立的。但是我们如果假设他忽然得到视觉，并且见一个人立在

他面前，那么显然，他在那种情形下，既不会认他所见的人为直立的，也不会认他是倒立的，因为他既然知道，那些形容词只能运用于可触的事物，或在外界空间中存在的事物，可是他所见的既不是可触的，又不是在外界的，因此，他就不能知道，按照语言的正当含义说来，那些形容词是否可以加在那个人身上。

97. **他由何种方式来称视觉对象是高的或低的等**

随后，他在上、下、左、右转其头或眼时，又看到视觉对象是变化的，而且又知道它们也是那样称呼，并且是同触觉的对象相联系的。因此，他在这里，也就用那些他习用于触觉事物的等等名词，来称呼那些物象和其位置。因此，他就叫他眼转上时所见的为上，眼转下时所见的为下。

98. **他为什么以为在他的眼的最下部分所画的那些对象是最高的，以及相反的情形**

在我看来他之所以认在眼的最下部分所印的那些物象是最高的，这就是真正的缘故，因为他在转眼向上时，才能清晰地看到它们；至于在其眼的最上部分所印的那些物象所以被他认为是最低的，也是因为他在转眼向下时才能看清楚它们；因为我们已经指示出，他并不能把高低等形容词应用在视觉的直接对象本身。因此，他之所以认视觉对象为高为低，一定是因为有别的情节同那些观念连带而来。这些情节分明就是眼的一上一下的运动，因为只有它们可以明白解释人心为什么以为视觉的对象是高的、是低的。如果没有眼在分辨各种物象时这种一上一下的运动，则直立的、倒转的以及其他关于可触物象的位置的种种形容词，都不能转移在视觉对象上，而且人心也丝毫不能想象它们是属于视觉观念的。

视觉作用本身并没有含着任何东西，可以把触觉对象方面的形容词转移在视觉对象方面。不过眼的各种位置却可以自然地指导人心使它对眼所引入的物象的位置，构成适当的判断。

99. 他如何能凭视觉知觉到外界物象的位置

后来，他又可以借经验知道各种视觉观念和触觉观念间的联系，因此，他又可以借他对于所见事物彼此的相对位置所有的知觉，来对于外界相关的所触事物的位置，构成顿然的、真正的判断。因此，他就可以借视觉知道外界物象的位置，实则那些物象本来不是为那个感官所知觉的。

100. 我们虽爱有相反的思想，可是这并不能成为反驳我们所说过的话的理由

我知道，我们很容易想在刚能视以后，我们也将照现在的方式判断可见事物的位置；不过我们也一样容易想象，在初看之下，我们也将照现在的方式知道物象的距离和体积，不过我们已经指示出，这种信念是虚伪的，无根据的了。因此，大多数人在未曾充分考究之前，虽然就肯定地相信，自己在一视之下，可以凭眼来决定物象是直立的，还是倒立的，可是我们正可以根据前说，把他们驳倒。

101. 客难

人们或者会反驳我们的意见说，例如，一个人脚近地时，我们以为他是直立的，头近地时，我们以为他是倒立的。因此，我们就可以断言，只借视觉，不借经验或转动眼的位置，就可以决定他是直立的，还是倒立的。因为地面和地球上所立的人的肢体，既都是为视觉所知觉的，因此，他就不能不看到人的某一部分是接近于地的，某一部分是远离地的，那就是说，他不能不判断出，那个人是直立的，还是倒立的。

102. 答客难

不过对这种驳难我可以答复说，组成所触的地和人的那些观念，和组成所见的地和人的那些观念，完全是差异的。而且我们如果不加上触觉的任何经验或不把眼的位置变动了，则我们不能单凭视觉官能知道，甚或猜想，那两种观念之间，有任何关系或联系。因此，人在一看之下，并不能说出他所见的任何事物为头、为足、为地，因此，他也不能断言，还是头，还是足，是最接近于地面的。他并不能由此想到地或人，直立或倒立。我们如果精细观察一番，并且把两个感官的各种观念，加以特殊比较，那就更会看到这一层。

103. 我们并不能在一见之下凭颜色知道物象

我所见的只是各种光和色。我所触的只是软、硬、冷、热、粗、细。那么前一些观念和后一些观念，究竟有什么相似，什么联系呢？一个人如果不先经验过这两套十分差异的观念集合体是共存的，则他又有什么理由用一个名称来称呼它们呢？我们并看不到，任何可触的性质和任何种颜色有必然的联系。在全无可触物的地方，我们有时也可以知觉到颜色。这就分明指示出，任何人在初得到视觉以后，都不会知道，新来的视觉的任何特殊对象和其已习惯的触觉对象有任何关系。头的颜色并不能向他暗示头的观念，正如其不能暗示足的观念似的。

104. 也不能以体积来知道它

其次我们已经详细指示过（第 63、64 两节），在任何所见的体积和任何特殊的可触的体积之间，并没有可以发现的必然的联系。

我们在知觉到所见的广袤以后，所以能判断出与之联系着的可触物象的广袤来，完全是习惯和经验的结果，只是依靠于外面的、偶然的情节的。因此，可以切实断言，头或足的可见体积在我们初能视的时候，并不能把这些肢体的相关的、可触的体积暗示出来。

105. 也不能以形相来知道它

由前一节看来，我们分明知道，身体上任何部分的可见形相，和其可触形相，并无必然的联系，以致在一看之下，前者就把后者暗示在心中。因为形相既然是体积的极限，而且任何可见的体积既然本性都不能暗示出任何特殊的可触的体积来，因此，任何可见的形相，和其对应的可触的形相，都没有必然的联系，以致前者在任何经验之先本身就能把后者暗示于理解中。我们如果想到，在触觉方面为圆、为滑的东西，在视觉方面也许是十分相反的（在显微镜之下），则我们所说的这一层就更加明显了。

106. 在初次视觉作用中，视景并不能暗示任何可触的事物

我们把前边所说的总结起来加以充分的考虑，则我们可以明白地推得下边这个结论。在初次能看之下，由眼传入的任何观念和生盲理解中所称为地、人、头、足等等观念，都没有明显的联系，以致它不能够把它们引在心中，或者使它们本身具有同一名称，被人认为同一事物，如后来那样。

107. 在数目方面，人们所提出的一个难题

不过在这里却仍有一个难题似乎可以反驳倒我们的意见，因此，我们不可把它忽略过去。因为我们虽然可以承认，可见的足的颜色、大小和形相，同组成可触的足的那些观念，没有必然的联系，以致使前者能把后者在一看之下就暗示在我心中；或者使我在未

习惯、未经验其联系之先,有把它们混淆的危险。不过我们仍然分明看到,可见的足的数目,既同可触的足的数目相同,因此,我虽没有任何视觉的经验,也可以断言,它们是表象足的,而不是表象头的,或者是同足联系的,而不是同头联系的。因此,两只可见的足的观念,一定会把两只可触的足的观念暗示在心中,而不能把一个头的观念暗示在心中。因此,那个盲人,在初得到视觉能力之后,就能知道,什么是足,是两只,什么是头,是一个。

108. **所见事物的数目,在初视之下,并不能暗示出所触事物的相同数目来**

要解决这个似是而非的难题,我们只须说,我们并不能依据所见对象的差异来推论与之相应的所触对象的差异。一幅画虽然画着许多种颜色,可是它却是在单纯的方式下刺激触觉的。因此我们分明看到,离了经验,则我们便不能依据任何必然的联络,根据所见事物的数目来判断可触事物的数目。因此,我在初能看时,一定不能因为自己看到两个,就说自己将要触到两个。那么在经验指教我以前,我如何能知道,可见的腿因为是两条,就能和可触的两条腿相联系,可见的头因为是一个,就能和一个可触的头相联系呢?真相是这样的,我所见的事物同我所触的事物,是完全差异的,不同种的,因此,前一种知觉并不能把后一种知觉暗示于我的理解中,或使我对后一种知觉稍行判断。只有在我们经验到它们的联系以后,才可以如此。

109. **数目是人心的产物**

不过为了详细例解这一点起见,我们应当思考所谓数目,有人虽把它认为是一种第一性质,可是它本身并不是在事物本身中真正存在着的、确定的东西。它完全是人心的产物;人心有时只思考一个观念自身,或诸观念的集合体,因而就给它一个名称,认它为一个单位。因此,人心之集合它的各个观念既有千差万别的方式,因而单位也有千差万别。单位如此,则由单位而集合的数目,亦复如此变化不定。我们虽说一个窗子,一个烟囱,可是具有许多窗子和烟囱的家屋,也一样有权叫做一个,而且许多家屋又可以合为一座城。在这一类例证中,我们分明看到,所谓单位总是指人心对其观念所构成的一种特殊的图样而言,它虽以同一个名称分别给了许多种东西,可是它是按照自己的目标,使那些集体中含着或多或少的观念的。任何东西,人心只要把它当作一个,它就是一个单位。因此,每个观念的集合体,便被人心认为是一,而且以"一"名来标记它。不过人心之命名这些观念,集合这些观念,完全是任意的;经验指示它如何合宜,它就如何联合;如果没有经验,则我们的观念一定不会集合成那么多各别的集体,如它们现在那样。

110. 生盲在初能视以后,一定不能照别人的样子来数物

因此,就可以说,一个生盲,在后来长大能视以后,在初视之下,并不能把视觉观念,照别人的样子,分划为同样清晰的集体;因为别的人原是经验过那些观念是有规则地共存的,是可以合拢在一个名称以下的。例如他不会构成一个复杂观念,把组成可见的头或足的那些特殊观念集合在其中,予以思考。因为我们并不能举出什么理由断言说,他只因为看见一个人在面前直立着,就把那些观念集合起来。组成所见的人的那些观念,同别的视觉观念在同时涌进他的心中,因此,他就不能把它们分配成形形色色的清晰的集合体。只有在他观察到人身各肢体的运动和其他经验以后,他才能知道，什么是应当分离，什么是应当集合在一块儿的。

111. 任何物象的位置，只能借同一感官的对象来决定

由前边所提说的看来，显然可知，视觉对象和触觉对象，是两套远相差异的观念。在两种对象方面，我们虽然同样可以应用高、低、左、右等指示事物位置的形容词，可是我们应当说，任何物象的位置，只能借同一感官的物象来决定。我们所以称触觉的对象是高的，或是低的，乃是按照它离所触的地球之或远或近而言的；同样，我们所以称视觉的对象是高的，或是低的，乃是按照它离所见的地球之或远或近而言的。不过要以所见事物同所触事物的距离来决定所见事物的位置，或以所触事物同所见事物的距离，来决定所触事物的位置，那是完全荒谬，而不可理解的。因为一切所见事物都一样是在心内的，并不占据外面空间的任何部分，因此，它们和心外存在的任何可触事物，都是一样远近的。

112. 所见事物和所触事物之间，并无任何或大或小的距离

正确说来，视觉的固有对象和任何触觉对象并无距离大小可言。因为我们仔细一考察，就会明白，只有在同一方式下存在的那些事物，属于同一感官的那些事物，其距离才能互相比较。因为任何两点间的距离，不是别的，只是其中间点的数目。那两点如果是视觉点，则其距离是由其间的视觉点标记出来；那两点如果是触觉点，则其距离就是触觉点联合成的一条线。但是它们如果一条是视觉的，一条是触觉的，则其中间距离所含的各点，也不是触觉所知的，也不是视觉所知的。也就是说，那种距离完全是不可想象的。这大概是一切人所不易于理解的。不过我也很愿意任何肯费心反省的人，任何善于运思的人，告诉我是不是这种情形。

113. 在直立的现象方面，我们所以发生了困难，就是由于我们未曾注意到这一点

人们因为不曾注意到前两节所说的话，所以他们在直立的现象方面，才发生了许多困难。所画的头是最近于地球的，可是它却似乎是最远离于地球的；在另一方面，所画的足是最远离于地球的，可是人们以为它是最接近于地球的。我们的困难正在于此。不过我们的表示方法如果清晰明白，毫无含糊，则这种困难是会消除的。我们应当这样说，为什么在眼看来，那个与可触地球最近的可见的头，是和地球最远隔的，那些与可触地球最远隔的可见的足，是和地球最接近的。我们在这样提出问题之后，谁还看不到我们的困难所以发生，只是因为我们假设，眼、或视觉能力、或运用它的灵魂，在判断视觉对象的位置时，是参照于它们和所触地球的距离的呢？实则我们分明看到，所触的地球并不是为视觉所知觉的。在前两节我们已经指明，视觉对象的场所只能以其相互距离来决定：要说所见的同所触的事物之间，有任何或大或小的距离，那是毫无意义的。

114. 我们的说法并未含着丝毫不可解的地方

我们的思想如果只限于视觉的固有对象，则我们的说法通体都是明白而易解的。头是画的离所见的地最远的，足是画得离所见的地最近的；因此，它们的现象也真是如此的。这有什么奇异而不可解的地方呢？我们如果假定，网膜上所画的图画就是视觉的直接对象。那么结果就是各种事物的现象应如其所画的那样。事实果然不是这样么？所见的头不是离所见的地球最远的，所见的足不是与所见的地球最近的么？它们的图画果然

不是这样么？

115. 所谓倒转的图画是什么意义

不过你说人的图画是倒立的，可是他的现象是直立的。不过我可以问，什么是人的图画，换言之，什么是所谓可见的人的倒立？你或者会告我说，它所以是倒立的，乃是因为它的脚跟朝上，头顶向下。不过你可以解释解释这一层。你或者会说，所谓头顶向下，乃是说它最接近于地球，足跟朝上，乃是说它最远离于地球。不过我还可以问，你是指着哪个地球说的？你一定不能指眼上所印的那个地球，或那个所见的地球。因为头的图画是和地球的图画远离的，足的图画是和地球的图画最接近的；因此，所见的头是和所见的地球最远隔的，所见的足是和所见的地球最接近的。因此，你所指的，一定只有所触的地球，而且你是依据所触的事物，来决定所见事物的位置的。那就反乎我们在第111、112两节所解证的了。视觉和触觉的两种各别的范围，应该分别考察，我们应该以为它们的对象在距离或位置方面，是全无互相联合和关系的。

116. 在这方面，我们所以发生错误，有什么原因

其次，我们在这方面所以发生错误，重大原因乃是：我们在思想网膜上的图画时，我们总要想象自己看到他人眼中的网膜，或他人看到我眼中的网膜，因而看到其上所画的图画。假定有A和B两个眼：A眼由某种距离之外观察B眼中的图画，见到它们是倒立的，因而断言它们在B眼中是倒立的：不过这是错的。B眼中所画的人、地等图画，其影像以小型投入A眼的网膜上。除此以外，B眼以及周围的物象，和另一个地球，又以大型印在A眼上。在

A 眼看来，这些大的影像就是真正的对象，那些较小的对象就是具体而微的图画。而且它在决定较小影像的位置时，它是以那些较大影像为标准的。因此，A 眼在比较小人和大地时，就判断那个人是倒立的，或者说就判断他的两足是远离地球的，他的头是接近地球的。但是 A 眼如果把小人和小地球比较一下，则那个人会显得成为直立的，那就是说，他的头是远隔小地球的，他的足是接近小地球的。但是我们应当知道，B 眼并不曾如 A 眼似的，能看到两个地球；它只能看到 A 眼中那幅小图画所表象的东西，因此，它就会认那个人是直立的。因为事实上，B 眼中的人实在不是倒立的，因为在那里，两足是接近地球的。只有 A 眼中那个表象是倒立的，因为在它看来，B 眼中人头的表象是接近于地球的，而其两足是远离地球的，这个地球是指在 B 眼中所画的表象以外的那个地球说的。因为你如果观察 B 眼图画的小影像，单独来考察它们，比较它们，则它们都是直立的，是在其自然的位置下的。

117. 眼中的影像并不是外物的图画

我们常想象外界事物的图画是画在眼底上的，这是含有一种错误的。我们已经指示出，在视觉观念和可触事物方面，并无任何相似性。我们还解证出，视觉的固有对象，并不存在于心外。因此，就有一个明白结论，就是眼底上所画的图画并非外界事物的图画。任何人可以先好好思想一番，再来告诉我们，在组成所见的人（或其图画）的那些颜色的花样和配合和组成所触的人的远不相同的触觉观念的别一个集体之间究竟有什么相似，有什么关联。——不过人们又会问，那么它们如何能说是图画或影像呢？因为那种说法已经假设，它们是摹拟或表象一些原本的。

118. 它们在那种意味下，可以叫作图画

不过我可以答复说，在前一个例证中，A 眼认 B 眼中所表象的影像，是图画，是摹本。这些摹本的原本并不是外界存在的事物，而是投在 A 眼中较大的图画。而且 A 眼认这些原本不是图画，而是原本，而是真正的事物自身。但是我们如果再假定有第三个眼 C，在适当距离下观察 A 眼的网膜，则在 C 眼看来，A 眼中所投射的事物，只是一些图画或影像，正如在 A 眼看来，B 眼中所印入的事物只是一些图画似的。

119. 在这方面，我们必须精细分别视觉观念和触觉观念

要想正确地来存想这一点，我们应当精细分别视觉观念和触觉观念，所见的眼和所触的眼。因为在所触的眼上，实在没有画着任何事物，似乎也不曾画着任何事物。其次，所见的眼也同别的所见的东西一样，只存在于心内（如前所说）。人心在知觉它的观念以后，加以比较时，才分别它们有的是图画，有的不是。我想，前边所说的话如果正确地被了解了，并且都融会贯通了，则它们对于直立的现象，一定会供给一种充分的、纯正的解释。我必须坦白地说，我看不出，从来所发表的视觉学说，怎样能把这个现象加以说明。

120. 我们并不容易用文字来表示正确的视觉学说

在讨论这一类事情时，我们所用的语言，很容易引起一些暧昧和纷乱，使我们发生错误的观念。因为语言既然只合乎人类的普通观念和偏见，因此，它在表示赤裸裸的精确的真理时，常不免来回周折，措辞不当和貌似矛盾（在不注意的读者看来是如此的）。因此，人们如果觉得，我们写的东西值得他们来理解，则我最后希望他们不要固执于或此或彼的语句或表现方法；他们只应当由

我的论文的全部旨趣坦白地来推寻其意义，并且尽力把文字抛弃开，只来考究单纯的观念本身，看看它们是否契合于真理和他的经验。

121. “视觉和触觉是否有任何共同的观念？”这个问题的陈述

我们已经指示出人心是由何种方式借视觉观念为媒介来知觉或了解物象的距离、体积和位置的。现在我要来较详细地考察一下，以同一名称见称的那些视觉观念和触觉观念的差异，看看是否有两种感官所共有的任何观念。由我们在这部论文中前一部分所详细阐述和解证的话，我们分明看到，并没有同一个广袤是被视觉和触觉所知觉的，而且视觉所知觉的各种特殊的形相和广袤，虽与触觉所知觉的，同一名称见称，而且被人认为同一的事物，可是它们却有其独立的存在，而且是厘然各别的。因此，我们现在的问题就不是有关笼统同一的观念的，乃是问，是否有任何一种观念是为两种感官所共同知觉的。换言之，视觉所知觉的广袤、形相或运动，是否与触觉所知觉的广袤、形相和运动，有种类上的区别。

122. 抽象的广袤究竟是什么样的

不过在未详细讨论这一点时，我们可先考究抽象的广袤。因为在这方面有许多纷纭的议论，而且我想，人们在谈说广袤时，就把它当作两种感官所共有的一个观念，而在暗中假设我们可以把一切其他可见的、可触的性质脱除了，只剩下一个广袤，而对之形成一个抽象的观念，他们以为这个观念就是视觉和触觉所共的。因此，我们应当知道，抽象的广袤就是一个广袤的观念。就如一条线或一个面，完全脱除了一切别的可感的性质和情节，使自己不受它们的决定而成为特殊的存在以后，则那条线或面就成了抽象的。

它既不黑，也不白，也不红，也没有任何颜色，也没有任何可触的性质，因此，它并没有有限的、一定的体积。因为凡能范围各个广袤，使之划然各别的各种性质或情节，都是各个广袤观念的差异所在。

123. 它是不可了解的

不过我并不曾发现我能知觉、想象或在心中由其他方式来构成此处所说的抽象观念。非黑、非白、非蓝、非黄、非长、非短、非粗糙、非光滑、非方形、非圆形的一条线或一个面，是完全不可理解的。在这一方面，我自己相信自己是这样的，至于别人的官能究竟到了什么程度，那只有他们自己知道了。

124. 抽象的广袤不是几何的对象

人们常说，几何的对象就是抽象的广袤。不过几何学所考究的乃是形相，形相又是体积的终限。不过我们已经指示出，抽象的广袤并没有有限而确定的体积，因此，我们分明推断说，广袤并不能有形相，因此，它也就不是几何的对象。自然，按照古今哲学家的教条说来，一切概括的真理都只是关于普遍的抽象观念的；据说，没有这些观念，则便无所谓科学，而且几何中任何概括的命题也就不能解证。但是我们不难指示出，做出几何中那些命题和解证的人，纵然不曾想到抽象的、概括的三角形观念或圆形观念，而那些命题和解证仍可以有普遍意义。不过我想我们在这里，并无指示出这一层来的必要。

125. 概括的三角形观念是什么样的

我也曾经一再努力了解所谓概括的三角形观念，不过我已经发现它是完全不可了解的。真的，如果能有人把那个观念引在我的心中，那一定是《人类理解论》的作者。这位作者的理论是明白而有意义的，一般作者是望尘莫及的。因此，现在我们可以看看这位著名的作者如何叙述这个概括的或抽象的三角形观念。他说："那个观念既非钝角，又非直角，又非等边，又非等腰，又非不等腰，又非不等边，它是俱是俱非的一个观念。事实上，它是不能存在的一种不完全的东西；在这个观念中，各种差异而矛盾的观念的各部分，都混杂一起了。"[①]他以为人类如欲扩大其知识，则这个观念是必需的；这个观念正是数学解证的题目离了它，则我们在三角形方面，便不能知道任何概括的命题。那位作者也承认，"要想构成这个概括的三角形观念，是不得不费一些辛苦和技巧的。"但是他在别处，即在《人类理解论》第 3 卷，第 10 章，第 33 节先已说过，"混杂情状的观念，如果含着一些矛盾的观念，便不能存在于心中，或为人心所存想，"因此，他如果记得这话，那他多半会承认，要想构成上述的三角形观念，那实在不是他所能有的辛苦和技巧所能为力的，因为那个观念分明是由彰明昭著的一些矛盾形成的。我真不解那样一个人既然深思熟虑，十分着重明白而有坚定的观念，为什么又会说出这样的话语；那真似乎使人吃惊。不过，这种惊异之感，或者会减少一些，倘使我们想到，这个意见的来源，正是在哲学的各部门中，在一切科学中，产生了无数错误和困难的繁殖力强的胎宫。不过要详论这回事，则因其范围太广，所以我们可不在这里深入讨论。因此，关于抽象的广袤，我们的话也就止于此了。

126. 虚空或纯粹空间不是视觉和触觉所共有的

有人也许会以为虚空，或纯粹空间，或三度广袤，是视觉和触

① 《人类理解论》，第 4 卷，第 7 章，第 9 节。

觉的共同对象。但是我们虽然很爱想象“外”的观念和空间的观念是视觉的直接对象,可是我如果不错的话,我在此书的前几部分已经分明解证出,这种意见是一种幻想。这种幻想是由想象迅速地、顿然地提示出的,因为想象能把距离观念和视觉的观念密切地联合起来,使我们易于思想距离本身就是那个感官的固有的直接对象——只有理性才能改正这种错误。

127. 两种感官并没有任何一个,或任何一种共同的观念

前边已经指示出,抽象的形相观念是不存在的,而且离了一切别的可见可触的性质,我们并不能借任何精确思想构成视觉和触觉两者所共有的任何广袤观念。现在我们所余的问题只是视觉所见的特殊的广袤、形相和运动,是不是和触觉所感的那些特殊的广袤、形相和运动属于同一种类。为了解答这个问题,我将擅立一个命题说:“视觉所见的形相、广袤和运动,虽与那些触觉观念具有同一的名称,可是它们实在是两种互相各别的观念,而且事实上也并无两种感官所共的任何一个观念或任何一种观念其物。”我们很容易由此书各处所说的话来推得这个命题。不过因为这个命题同人类的传统的观念和确立的意见,似乎是很远隔、很抵触的,因此,我将努力用下述的论证,来详细解证这一点。

128. 证明此说的第一论证

我在知觉到一个观念以后,就把它归在此类或彼类;而我所以如此,乃是因为我在知觉它时和我在知觉它所属的那一类观念时,所循的方式是一样的,或者因为它与它所属的那类观念是类似的、是联合的,是在同一方式下刺激我的。总而言之,它一定不能是完全新的,一定有些旧的成分,或已为我所知觉的成分。至少它必须和我以前所知觉的、所命名的那些观念有相似的地方，才能使我以同一名称称它。不过我们已经分明指示出，如果我不错的话，一个生盲在初视以后并不以为他所见的物象，和触觉的对象是同一的，或有任何相似的性质。在他看来，它们是一套新的观念，是由新方式下所知觉到的，是完全异乎他以前所知觉的一切东西的。因此，他就不会拿以前所见的事物的名称来称它们，也不认它们和以前所已知的，有任何相似的地方。

129. 第二论证

第二点，人人都承认，光和颜色构成完全异乎触觉观念的一套观念。我想任何人都不会说，光和色可以为触觉所知觉，不过除了光和色，视觉并没有其他直接的对象。因此，我们可以一直断言，这两种感官并没有任何共同的观念。

130. 可见的形相和广袤并不是异乎颜色的一些观念

有的人对于各种观念，和观念进入理解的途径，虽然有精确的思想和著述，可是就是这些人也一致主张说，视觉所见的并不止是光和色，以及其各种变状，此外还有别的东西。洛克先生说，视觉"是一切感官中范围最广的一种，它不但能把自己所特有的光色观念传在我们心中，而且能把与之极相差异的空间、形相和运动等观念传入我们心中"①。不过我们已经指示出，空间或距离不是视觉的对象，正如它们不是听觉的对象一样。参阅本书第46节。至于说到形相和广袤，则我让任何一位能平静地考察自己的明白清晰的观念的人来决定，除了光和色而外，视觉是否还可以直接传达进

① 《人类理解论》，第2卷，第9章，第9节。

特属于它的别的观念来；他还可以决定，离了一切颜色，自己是否可以在心中，对于可见的广袤或形相，构成一个清晰的、抽象的观念；而在另一方面他还可以决定，离了可见的广袤，自己是否可以单独捉摸颜色。在我自己，我不得不承认，我自己实在不能达到这样精微的抽象地步。在严格的意义下说来，我所见的只是光和色，以及其各种明暗和变化，除此而外，我并不能看到别的。别的人如果除此而外还能见到十分与此差异的并独立的观念，则他们的视官已经比我敢自命的较为完善，较为广阔了。我们必须承认，借光和色的媒介，别的十分与此差异的观念也可以暗示在心中。不过听觉也一样有此种间接的作用，因为听觉不但可以知觉其固有的声音，而且可以借它们为媒介，不但把空间、形相和运动等观念暗示在心中，还可以把任何可以借文字表示出的观念提示于心中。

131. 第三论证

第三点，人们有一种公认的公理说，种类相同的数量才可以相加起来，成为一个整体。数学家虽可以把各条线加在一块儿，可是他们并不能把线加在立体上，也不能设想线和平面可以成为一体。他们以为这三种数量是不能互相加的，是不能依各种比例方式互相比较的，因此，他们就认它们是完全不能比较，种类不同的。同样，人们也可以试试，自己在思想中，是否可以把一个可见的线或面，加在一个可触的线或面上，并且想象它们成了一个连续的整体。能这样想象的人，可以认它们是同质的，但是不能这样想象的人，就必须按照前边的公理来承认它们是异质的。我自然可以存想一条红线加在一条蓝线上，成为一个整体，一条连续的线，不过要想在我的思想中把一条可见的线和可触的线加起来，成为一条连续的线，那在我认为是困难的，而且难以克服的任务。我只让各个人根据其反省和经验，决定这一点好了。

132. 据洛克先生所发表的毛凌诺先生关于方圆的问题，也可以证实我们的学说

洛克先生在其《人类理解论》中，曾经发表了毛凌诺先生对于这个问题的解答。据我看来，他那个解答也可以进一层证实我们的学说。我现在可把他的解答和洛克的意见照原文抄录如下："假定一个生盲，在成人以后习于借其触觉，分辨出同一金属所制的大小几乎相等的立方和球形，因而在解着它们时可以说出，哪一个是圆球，哪一个是立方。又假定那个圆球和立方置在桌上，而且那个盲人也竟能视了。那么我们就问，他在未触动它们之时，是否可以借其视觉分辨出，并且能说出，哪一个是圆球形，哪一个是立方形。这个锐入而聪明的立说者便答复说，不会的。因为他虽然借经验知道，一个立方形如何刺激其触觉，一个圆球形又如何刺激其触觉，可是他还未曾经验到，在触觉方面是怎样刺激他的，在视觉方面一定也是怎样刺激他的；他虽然知道立方体中突出的角如何在其手中引起不平衡之感来，可是他还未经验到，那个角刺激其眼时，一定也如刺激其手时一样。这位深思的先生（我可以自豪地称他为我的朋友）对这个问题的答复，是先得我心的。我相信，那个盲人在初视之下，一定不会只凭视觉确说，哪一个是圆球形，哪一个是立方形。"①

① 《人类理解论》，第 2 卷，第 9 章，第 8 节。

133. **如果普通的假设是正确的，则这个问题是解决错了的**

触觉所得的平方，如果和视觉所得的平方是同一的，则那个盲人在一看到它以后，就一定可以知道它是一个平方；而且这个观念不过是由新的进口进入他的心中的，而他是已经很熟悉这个观念的。因此我们既然假定他已凭触觉知道，立方是为平方所围的一个物体，一个球形不是为平方所围的，而且我们又假定，可见的和可触的平方只有数的差异，那么他只在一看之下，就可以单凭视觉根据无误的标记——立方面——来知道哪一个是立方体，哪一个不是（不过这是不可能的）。因此，我们必须承认，可见的广袤和形相，和可触的广袤和形相是有种类上的差异的，否则我们就得承认，这两位有思想的聪明人是把这个问题解决错了。

134. **我们本来还可以引证别的说法来证明我们的学说，不过我们所举的这些也就够了**

我们还有许多别的论证可以一并援引来证明我所提出的这个命题。但是人们只要能合理地加以注意，则我前边所说的，如果我不错的话，已经足以使他们心悦诚服了。人们如果不肯稍费心来思想，则千言万语也并不能使他们了解真理，或正确地把握我的意义。

135. 对于前述问题的进一步反省

在结束前述的问题之前，我对它仍不得不作一次反省。我们已经阐明，一个生盲在其初能视之后，在一看之下，并不会以其一向专称触觉观念的那些名称来称呼其所见的东西（参阅第 106 节）。所谓立方形、球形、桌子等等名词，他只知道它们可以应用于触觉所知觉的事物，不过他却不知道这些名称也可以应用于完全不可触的事物上。那些名词在其通用的意义下，永远在他的心中标记出借其抵抗力被知觉的那些有凝度的物体或事物，不过视觉并知觉不到凝度、抵抗力，或突伸。总而言之，视觉观念完全是一套新知觉，他的心中还不曾以任何名称给它们。因此，他也不能了解人们关于那些东西对他所说的话。因此，你如果要问，桌子上那两个物件，哪一个是圆球，哪一个是立方，则在他看来，那完全是一个取笑的、无意义的问题。他所见的任何事物，都不能给他的心中暗示出物体、距离以及一般说来其已知的任何东西的观念来。

136. 一种东西不能兼来刺激视觉和触觉

要想像一件事物可以兼来刺激视觉和触觉两者，那委实是一个错误。如果触觉的对象如角或方形之类，也是视觉的对象，则盲人为什么在一视之下，不能知道它们呢？因为它们刺激视觉的方式，纵然异乎其刺激触觉的方式，不过除了这种新而未知的方式或情况而外，还有旧而已知的角或形相，因此，他仍不至不能把它们分辨出来。

137. 同一的运动观念并不是视觉和触觉所共的

我们已经解证出，所见的形相和广袤，同所触的形相和广袤，完全是异质的，现在我们就只剩下考究运动了。我们前边关于可见的和可触的广袤之差异，已经有所论究，现在我们正可以由此推得一个系论说：可见的运动和可触的运动，也是完全差别的，这一点我想是无须再来证明的；不过我们倘如再求较充分的、较明确的证明，则我们也只须说，一个人如果不曾经验过视觉，则他在初视之下，就不会知道运动。由此我们可以分明断言，视觉所得的运动，和触觉所得的运动完全不是一种。我可以证明前一项说，他凭触觉所得的运动，只是一上一下，一左一右，一远一近的一种东西；除了这些方向及其各种变化错综而外，他并不能有任何运动的观念。因此，任何事物或观念他如果不能把它归类在那些特殊情节中之一种，他就不会以那种事情为运动，或以运动一名给那个观念。不过由第 95 节看来，我们分明知道，只凭视觉作用，他并不能知道或上或下，或左或右，或其他方向的运动。因此我就断言，他在一看之下，一定完全不会知道运动。至于说到抽象运动的观念，则我也不愿再为此浪费纸笔，只让读者自己尽力琢磨好了。在我看来，那种观念是完全不可了解的。

138. **我们很容易根据前边所说的，来推知视觉知觉运动的方式**

关于运动的考察，正可以供给我们以一片新的研究领域。不过，我们在前边已经说过，视觉由何种方式把各种距离、体积和位置暗示出来，因此，我们很容易由此推知，人心由何种方式借视觉来感知可触事物的运动及其各种程度。因此，我就不必再详论这一层。我只可以进而考究，人们可以用什么似是而非的理由来反对我所指明为真的命题。因为我们如果需要对付许多成见，则只把真理解证出来，还是不够的。因此，我们必须解答人们为辩护其成见而可能发的一些疑难，必须指示出他们的错误是由何起的，是怎样传布开的，而且还必须谨慎地把早年偏见在人心中所植的虚伪信念揭露出来并铲除掉。

139. **问　所见的和所触的观念如果不是同类的，它们如何能有相同的名称呢？**

第一点，人们会问，所见的广袤和形相同所触的广袤和形相，如果不是同类的，则它们如何能有同一的名称呢？这种普遍恒常的习惯既是全世界各时代各民族、学者及文盲所共有的，因此，它一定不是由于人的癖性或偶然事故所引起的。

140. 我们虽不假设它们是同类的，也可以解释这一层

不过我可以答复说，我们并不能因为可见的和可触的方形有同一的名称，就说它们是同类的，正如我们不能因为可触的方形和标记它的“方”“形”二字有同一名称，就认它们为同类的一样。我们惯用同一名称来称呼所写的字和其所标记的事物。因为我们既然只把文字当做事物的标记看，并不注意它们本身；因此，我们给它们所定的名称，如果异乎它们所标记的事物的名称，那就画蛇添足，而且离开语言的目的了。这个理由也可以用在这里。可见的形相是可触的形相的标记，而且据第59节看来，可见的形相自身是不大为人所注意的，人们所以注意它们，只是因为它们和可触的形相有着联系，因为它们天然的本性，就是宜于表示这些可触的形相的。这种自然的语言，在各时代、各民族，既然都不变更，因此在各时各地，可见的形相才和它们所暗示的可触的形相，以同一名称见称，那并不是因为它们是同类的或相似的。

141. 反驳　所触的方形之相似于所见的方形，总比其相似于所见的圆形为甚

但是你或者又会说，一个所触方形接近于所见方形的程度，总比接近于所见圆形的程度为大。它有四角，并有四边，至于所见的形相也有四角并四边。不过所见的圆形却没有这些，它是被一律不变的曲线所围的，并没有直线或角。因此，它就不宜于表示所触的方形，只宜于表示所触的圆形。由此我们分明看到，所见的形相就是其所表象的相关的所触形相的模型，它们毕竟是同类的。所见的形相是同所触的形相相似的、同类的，前者天然宜于表示后者；它们并不是任意的标记，如文字那样。

142. 答复　所见的方形自然比所见的圆形较宜于表示所触的方形

我可以答复说，我们自然得承认，所见的方形自然比所见的圆形，较宜于表示所触的方形。不过这并不是因为它们是较相似的，较同类的，乃是因为所见的方形中所包含着的各部分，可以标记所触的方形中相关的各部分，至于所见的圆形则不能如此。触觉所取的方形有四个清晰的、相等的边，还有四个清晰的、相等的角。因此，最能标记它的那个可见的形相也必须有四个清晰的、相等的部分，和可触的方形的四边相应；而且它还应当有四个清晰的、相等的部分来指示所触方形中的四角。因此，我们就看到，所见的形相所含的各部分，便和它们所表示、所暗示的所触形相的各部分相应。

143. 不过我们并不能因此就说，所见的形相，相似于所触的形相

但是我们并不能依此断言，任何所见的形相和所触的形相，是相似的、同类的，除非我们知道不但两者中各部分的数目，而且各部分的种类，都是一样的。要例解这一点，我可以说，所见形相之表象所触形相，正如所写文字之表象声音一样。不过在这里，文字并不是任意的，我们并不能随便以任何文字来代表任何声音。每一个名词中所含的各别的字母必须和它所表示的声音的变状相符。就如“通”字可以表示一个较单纯的声音，“通姦”一词也可以表示其联合的声音。在读这个名词时，语言器官可以使空气中发生两种变状，因而产生出两种差异的声音来。因此，这个名词中所含的文字数目，应当以能标记全音中各种特殊差异或部分为度。

不过我想，没有人因此就会说“通”这个字或“通姦”它们一词，和其所表象的声音是同类的。概括地说来，任何语言中的文字所以毕竟能标记一声音，那诚然是任意的，不过在约定成俗以后，我们便不能任意以任何文字，来表象或此或彼的特殊声音。我请读者自己继续寻思这一点，研究这一点好了。

144. 我们为什么易于把所见观念同所触观念混淆了，而不易把别的标记和它所表示的事物混淆了

必须承认，我们虽不容易认为别的标记和它所表示的事物是同类的，或把它们混淆了，可是我们却容易把可见的和可触的观念混淆了，认为它们是同类的。不过我们在稍一考察之后，就可以知道，我们虽不假定它们是同类的，也可以有此情形。这些标记是恒常的、普遍的；我们在一出世以后，就已经知道它们和所触观念的联系，而且从此以后，在一生中，每一时刻，这种联系都会发现于我们思想中，并且在我们心中固着起来，深入进去。在另一方面，我们如能知道各种标记是可变的，是由人制定的；并且记得，曾有一时它们不曾和它们所能迅速暗示出的那些事物，在心中有所联系；而且知道，它们的含义是慢慢由经验逐步学来的；这就可以防止我们把它们混淆在一块。但是我们如果见到，在全世界上，同一标记常常提示同一事物，而且知道它们不是人所制定的，而且不能记得自己曾学过它们的含义，只以为它们在一看之下，就能把它们现在所暗示出的事物暗示出来：则这些情节会使我们相信，它们同它们所表象的事物是同类的，并且以为它们所以能把那些事物暗示在心中，只是因为它们自然是相似的。

145. 我们还可以别的一些理由来解释这一层

此外我们还可以说，我们在精密地观察一个物象时，就要继续不断地把光轴指向它的各点；因此，头或眼的这种运动就能描绘出一些线和形相来；这些线和形相虽然是为触觉所感到的，可是它们和视觉观念已经极其混淆起来，使我们难以想象它们不是属于视觉的。再其次，几个视觉观念在进入心中时，是比别的感官（触觉除外）的观念较为清晰而不混淆的。各种声音如果在同一刹那内为人所知觉，则它们会合成一个声音。不过我们却能在同一时间内观察多数可见的物象，而且能看出它们是各别的、互异的。所触的广袤既是由各个共存的部分合成的，我们就又可以根据这一层求到另一个理由来想象视觉和触觉的直接对象有一种相似性。但是切实说来，最易于使它们混淆融合的，莫过于它们彼此所有的那种密切的、紧密的联系。我们一开眼，它们立刻就可以把距离、物体、可触形相等等观念暗示于心中。所见观念之转为所触观念是很迅速、很突然的，而且是不为人所注意的，因此，我们便不由得以为它们都一样是视觉的直接对象。

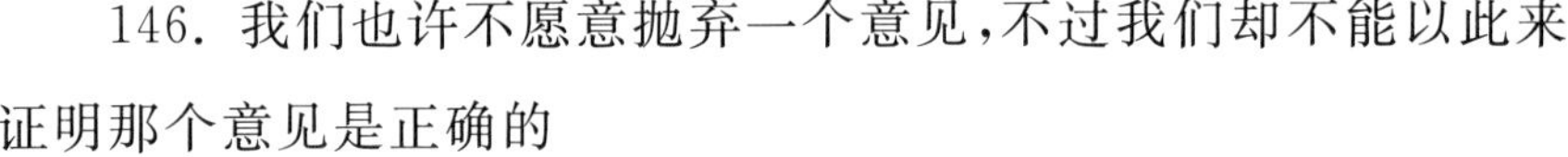

146. 我们也许不愿意抛弃一个意见，不过我们却不能以此来证明那个意见是正确的

由这些原因和可以举出的任何种原因而来的成见，已经极其固着在人心中，因此，我们若非苦心钻研，便不能完全摆脱它们。不过任何人只要一考究我前边对于人类的偏见所讲的话，他就会看到，我们虽不愿意抛弃某种意见，可是我们并不能据此证明那个意见是正确的。就如人们关于物象的距离、体积和位置，虽然发生了一些偏见，而且那些偏见，因为习惯之力固着在人心中，不容易为极明白的解证所克服，可是我们已经证明那些偏见完全是错的了。

147. 视觉的固有对象就是自然的语言

总而言之，我想，我们可以的确断言说视觉的固有对象，就是造物者的普遍语言，我们借此学会支配自己的行动，使自己得到那些保身益生的事物，而避免那些有损有害的东西。我们在人生事务中主要是凭这些对象的指教指导自己的。不过它们所以能表示、能指示出远隔的物象来，其所用的方式正如人类所制定的文字和标记之表示各种事物似的；它们所以能暗示所表示的那些事物，并非因为它们同事物有相似关系或相同性质，只是因为我们据经验看到，它们有一种习惯的联系。

148. 在这里正有可惊异之点，值得我们注意

假如一个人一向是盲的，而且他的向导告诉他说，在他走了某些步数以后，他会走到悬崖的边缘，或被一堵墙挡住，那么这个盲人不会觉得这是惊人而奇怪的么？他并不能领悟人类为什么能够有这一类预言，在他想来，这一种情形是很奇异的，正如别的人看神圣的预言是一样的。不过即使是享有视觉能力的人，也可以看到视觉是很奇怪的，只是他们因为熟习了，所以才忽略了这一点罢了。上帝用极其神妙的技术和设计把这种官能造得显然合乎某些目的，并且能使它在一时以内迅速地、安适地、任意地来暗示范围大、数目多、花样繁的许多物象。这些情节就供给了一个题目，使我们可以大肆悬想，并且给我们暗示，使我们隐约地预感到有许多神妙的事物，不是我们尘世上人所能发现、所能知道的。

149. 关于几何学对象所提出的一个问题

我并不想再费力气，来从我所立的那些原则，推得一些系论。我的学说如果经得起考验，别的人就可以相机任意运用思想来把

它扩大起来,应用在它所能达到的任何目的方面。不过我还不得不在几何学的对象方面考察一番,因为我们所研究过的那个题目,自然会驱使我们达到这个对象。我们已经指示出,抽象的广袤观念是不存在的,而且指示出,可感的广袤和形相共有两种,而且它们是完全各别的、异质的。因此,我们自然就可以问到,其中哪一种是几何学的对象。

150. **在初视之下,我们容易想象,所见的广袤是几何学的对象**

在初看之下,有些事物容易使人想象,几何学是研究所见的广袤的。我们所以如此思想,大部分原因在于我们在实用的和理论的几何学中,经常要运用自己的两眼。因此,我们如果告诉一个数学家,他在纸上所见的图解不是构成解证对象的那些形相,甚至不是形相的肖像,那他一定会认为这是很奇怪的。一切数学家以及一切论理学专家(就是考究科学、确性和解证三者的本质的那些人),都相信自己所见的图解就是几何学所考究的形相,而且他们以为这是毫无疑义的真理。他们以为几何学所以特别明白而显然,正是因为在这个科学中,各种推论都没有我们应用其他任意标记时所有的那些困难;因为在这里各种观念自身都被摹拟出来,表现在纸上边。不过我想这种说法恰好正和他们说,几何学解证的对象就是抽象的观念似的。究竟是否如此,可以让人们来思考好了。

151. 所见的广袤不是几何学的对象

要解决这个问题,我们可以记住在第 59、60、61 三节所说的话,在那里,我们已经指示出,所见的广袤自身不大为人所注意,而且它们并没有确定的大小,而且人们在计量时,完全是以所触的广袤来衡量所触的广袤的。由此,我们分明看到,所见的广袤和形

相，并不是几何学的对象。

152. 如果可见的广袤可以为几何学的对象，则文字也可以为几何学的对象

由此我们分明看到，所见的广袤在几何学中，正和文字的功用一样，它们都一样不能为那种科学的对象。它们所以在几何学中被人注意，只是因为它们能把与它们联系着的那些特殊的所触形相暗示于心中。不过所见形相之表示所触形相，和文字之表示观念，确乎有一种不同的意义：就是，后者是可变的、不定的，完全是依靠于人的任意指派的，至于前者则是确定不变，通行于一切时地的。例如一个所见的方形，不论在欧洲、在美洲，都在心中暗示出同样的可触的形相来。因此，造物者向我们眼睛所说的那种语音，并不容易被人误解，或使其意义纷歧，至于人类所造的语言，则是必然会陷于此种情形的。

153. 我们可研究，只能视而不能觉的那些有智慧的灵物，在几何学中有什么样的进程

前边所说的已经足以指示我们在几何学的对象方面有什么样的决定。不过为了较圆满地例解这一点起见，我还可以再考察另一种情形。有人假定，有一种灵物，一种无身体的精灵，能清晰地知觉视觉的专有直接对象，而无触觉。自然中是否有此灵物，那不是我所要考察的。我们只须说，这个假设本身并没有含着矛盾。现在我们可以考察这样一种灵物怎样能够精通几何学。这样悬想之后，更可以使我们明白看到，视觉观念是否可以为那个科学的对象。

154. 他并不能了解立体、面和线

第一点，前述的那个灵物既然没有任何距离观念，则他分明没有立体的观念，或三向数量的观念。我们所以容易想象，自己可以凭视觉得到空间观念或立体观念，乃是因为我们想象自己可以看到距离（严格地说来），而且以为自己可以看到，一个物象的有些部分比别的部分为远。不过我们已经解证出，这种信念之起，乃是由于我们经验到，某些触觉观念是和某些视觉观念相联系的。不过这里所说的灵物，我们假设它并没有触觉的经验。因此，他便不会像我们这样来判断，而且他不论直接或间接，都不能得到距离、外界、深度、空间或物体等等观念。因此，他便不知道几何学中有关立体和其凸凹等面的计算的那些部分，也便不能思维立体被截后所生的各线的性质。他的官能对于这些部分全是不能把握的。

155. 他甚至于不能了解平面几何的初步

其次，他也并不能了解几何学者由何种方式来画一条直线，或一个圆圈。他丝毫不知道尺子、圆规以及它们的功用。他也不容易想象：把一个平面或角置在另一个上，就能证明它们是相等的：因为这就需要有某种距离观念或外界观念。由此，我们分明看到，我们的纯粹的灵物甚至不能知道几何学的基本原理而且在仔细考察之后，我们或者会看到，他不但不能有立体的观念，而且甚至不能有平面的观念。因为人们稍一思索，就可以知道，要来形成几何平面的观念，距离观念是必要的。

156. 视觉的固有对象，并不能当作几何的形相处理

视觉官能所能知觉的固有对象，只不过是一些颜色及其变化，以不同程度的明暗作比例。不过视觉的那些直接对象既然在不断地变化迁流中，因此，我们便不能以处理几何形相的方法处理它们，而且我们纵然能够如此，也并无丝毫功用。自然，我们可以在

同时知觉到许多对象,而且各对象的数目也各有多少之别;不过要精确地来计量它们的体积,并且把那样变化多端的事物的精确比例定出来,那纵然是可能的,但那种劳力也是琐碎的、无意义的。

157. 有的人主张,平面形相是视觉的直接对象,我们可将此说加以考察

我必须承认,有些聪明人似乎以为,立体虽不是视觉的直接对象,平面形相地是它的直接对象。他们这种意见,乃是由图画中所见的现象来的,他们说,在图画方面,直接印于心中的观念,只有含有杂色的一个平面,那些平面又可以为迅速的判断作用转移成立体。不过我们稍一注意,就会发现,此处所说的视觉的直接对象——平面——不是所见的平面,乃是所触的平面。因为我们在说图画是平面时,我们的意思是说,它们在触觉方面是光滑的、一律的。不过这幅图画之光滑、之一律、之平坦,并不是视觉直接所能见的;因为在眼看来,它是杂色的、多样的。

158. 平面和立体一样都不是视觉的直接对象

由此,我们可以分明断言,平面也和立体一样,并不是视觉的直接对象。严格地说来,我们所见的不是立体,也不是杂色的平面,乃是各种颜色。有的颜色在心中暗示出立体来,有的颜色在心中暗示出平面形相来。它们所以能如此,正是因为我们曾经验过,它们有的是同立体相联系的,有的是同平面相联系的。因此,我们之视平面,正如视立体一样。因为它们都是为视觉的直接对象所暗示的,暗示以后,我们才认那些对象为立体或为平面。不过它们虽和它们所标记的事物有同一名称,可是两者的本性完全是差异的,这一层我们已经解证出来了。

159. **我们很不容易体会上述灵物的思想**

我们所说的，如果我不错的话，已经足以使我们解决前边所提出的问题，已经足以使我们解决上述的纯粹精神在几何方面所有的认识能力。确实，我们委实不易体会到这种灵物的思想，因为我们非用极大的努力，不能在自己思想中，把视觉的固有对象和与之联系着的触觉对象，明白地分离开。真的，要想把它们完全分离开，那几乎是完全不可能的。不过这一层也不必惊异，倘使我们思想到，任何人在一听到他的方言入于耳时，都不能不了解它们。他纵然竭力来把意义和声音分开，而意义仍会突入于他的思想中，而且他会看到，自己并不能像一个不曾学过自己方言的外国人似的，只受那些声音的刺激，而却不知道它们的意义。这纵非不可能的，也是很困难的。

160. **我们因为不曾充分了解几何学的对象，才在那个科学中发生了许多困难，白费了许多劳力**

到现在，我想人们可以看到，抽象的和所见的广袤，都不是几何学的对象。人们大概是因为不曾分别清楚这一层，所以才在数学中发生了许多困难，白费了许多劳力。关于这一方面我所发生的一点思想，在经了几次细心的考察之后，我确乎认定它是正确的。不过我这些思想似乎离开几何的平常道路很远，因此，我如果在人们已经用新方法使几何学有了很大的进步的这个世纪把它们发表出来，我不知道人们是否以为那是一种僭妄。不过我自己同我所请教过的少数人所见为正确的，如果实在也是正确的，则那些进步的大部分和旧日发现的大部分，将会失掉其美名而且人们在研究抽象精微的几何学方面所有的热忱，或者会大为减少。

图书在版编目(CIP)数据

视觉新论/(英)贝克莱著;关文运译. —北京:商务印书馆,2017
(汉译世界学术名著丛书:120年纪念版:珍藏本)
ISBN 978-7-100-14619-7

Ⅰ. ①视… Ⅱ. ①贝… ②关… Ⅲ. ①近代哲学—英国 Ⅳ. ①B561.27

中国版本图书馆CIP数据核字(2017)第152506号

汉译世界学术名著丛书
(120年纪念版·珍藏本)
视觉新论
〔英〕贝克莱 著
关文运 译

商 务 印 书 馆 出 版
(北京王府井大街36号 邮政编码100710)
商 务 印 书 馆 发 行
北 京 冠 中 印 刷 厂 印 刷
ISBN 978-7-100-14619-7

2017年12月第1版 开本 710×1000 1/16
2017年12月北京第1次印刷 印张 7
定价:35.00元